Karin Altgeld · Tim Krüger · André Menke

Von der Kindertageseinrichtung zum Dienstleistungszentrum

Karin Altgeld · Tim Krüger
André Menke

Von der Kindertageseinrichtung zum Dienstleistungszentrum

Ein internationaler Länderreport

VS VERLAG FÜR SOZIALWISSENSCHAFTEN

Bibliografische Information der Deutschen Nationalbibliothek
Die Deutsche Nationalbibliothek verzeichnet diese Publikation in der Deutschen Nationalbibliografie; detaillierte bibliografische Daten sind im Internet über http://dnb.d-nb.de abrufbar.

Herzlichen Dank für die Förderung durch die Hans-Böckler-Stiftung, Düsseldorf

Hans **Böckler**
Stiftung

Fakten für eine faire Arbeitswelt.

1. Auflage 2009

Lektorat: Stefanie Laux

VS Verlag für Sozialwissenschaften ist Teil der Fachverlagsgruppe Springer Science+Business Media.
www.vs-verlag.de

Umschlaggestaltung: KünkelLopka Medienentwicklung, Heidelberg
Druck und buchbinderische Verarbeitung: Krips b.v., Meppel
Gedruckt auf säurefreiem und chlorfrei gebleichtem Papier
Printed in the Netherlands

ISBN 978-3-531-16010-8

Inhaltsverzeichnis

Einleitung 5

Länderreport Luxemburg 10

Länderreport Belgien/Flandern 30

Länderreport Deutschland 43

Länderreport Schweden 64

Länderreport Litauen 84

Länderreport Italien 96

Länderreport Großbritannien 112

Länderreport USA 132

Zusammenfassung und Ausblick 152

Einleitung

Die Lissabon-Strategie wurde im Jahre 2000 von den Staats- und Regierungschefs der EU-Mitgliedstaaten ins Leben gerufen mit dem Ziel, die EU bis zum Jahr 2010 zur „wettbewerbsfähigsten und dynamischsten wissensbasierten Wirtschaft der Welt" zu machen. Dazu soll besonders die stabile Weiterentwicklung auf ökonomischer, sozialer und ökologischer Ebene unterstützt werden. Im Rahmen des Ratstreffens im Frühjahr 2005 betonte EU-Präsident Barroso in seiner Mitteilung hierzu das Ziel, „mehr Menschen an das Erwerbsleben heranzuführen und die sozialen Sicherungssysteme zu modernisieren". Während das Problem der niedrigen Geburtenraten eher Teil einer langfristigen politischen Strategie darstellt, betrachtet Barroso die Anhebung des Beschäftigungsniveaus als das wichtigste Mittel, um wirtschaftliches Wachstum voranzutreiben und die gesellschaftliche Inklusion der Volkswirtschaften zu stärken. Darüber hinaus stellt die Einbindung von Frauen in die Erwerbstätigkeit ein großes Potenzial für den Arbeitsmarkt dar. Laut einer Zielformulierung sollen 60 % der weiblichen Bevölkerung im Alter von 15 bis 64 Jahren bis zum Jahr 2010 erwerbstätig sein. Der prozentuale Anteil von Frauen in bezahlten Beschäftigungsverhältnissen ist zwischen den Jahren 2000 und 2002 um 2,7 % auf 55,6 % angestiegen. Die aktuellen arbeitsmarktpolitischen Maßnahmen beinhalteten daher Aktivitäten zum Ausbau von Kinderbetreuungsangeboten. Hierzu wurde das Ziel formuliert, bis zum Jahr 2010 die Verfügbarkeit von Angeboten zur Kinderbetreuung für Drei- bis Fünfjährige auf 90 % bzw. für Kinder unter drei Jahren auf 33 % zu erweitern.

In Anbetracht des Wandels der familiären Strukturen und der wirtschaftlichen Nachfrage nach einer höheren weiblichen Erwerbstätigenrate haben die Angebote der Kindertageseinrichtungen einen durchaus positiven Einfluss hinsichtlich der sozialen Kohäsion.

Nach Gøsta Esping-Andersen gibt es hierfür ein weiteres Argument: Es gilt die Entwicklung der Lernkompetenzen eines Kindes – das „Lernen lernen" – bereits in einem sehr frühen Alter zu fördern. Im Alter von sechs Jahren, wenn die meisten Kinder mit der Schule beginnen, ist es daher oftmals schon zu spät, diesen Prozess zu beginnen. Aus diesem Grund sind die Schaffung gleicher Chancen und die Bereitstellung von frühkindlicher Betreuung und Bildung eng miteinander verwoben – letzteres führt schließlich zum Abbau sozialer Ungleichheit. Konsequenterweise ist es für Menschen mit Hinblick auf den lebenslangen Lernprozess nur dann möglich, von Bildungsangeboten zu profitieren, wenn sie zuvor entsprechende Lernkompetenzen entwickelt haben. Vor diesem Hintergrund bildet die quantitative und qualitative Anpassung von Kindertageseinrichtungen deshalb einen sinnvollen Ausgangspunkt für den Weg in eine wissensbasierte Wirtschaft. Darüber hinaus können solche den geschilderten Anforderungen angeglichene, hoch qualitative Dienstleistungen für Kinder eine positive Entwicklung der demografischen Situation nach sich ziehen, wie es z.B. im System Frankreichs der Fall ist.

Kinderbetreuung ist aus den Familien hinaus in den Fokus der europäischen Politik gerückt, da sie soziale und wirtschaftliche Konsequenzen für die zukünftige gesellschaftliche Entwicklung mit sich bringt. Kinderbetreuung ist deshalb als soziale Investition zu betrachten, welche für die gesamte Gesellschaft Nutzen stiftet.

Definition des Begriffs „integrierte und flexible Dienstleistungen"

Im Bereich der Kinderbetreuung wird seit einiger Zeit der Begriff „Integration" in mehreren Ländern dazu verwendet, um Kooperationsformen zwischen kommunalen, ehrenamtlichen und privaten Anbietern sozialer Dienstleistungen zu beschreiben, die sich zusammenschließen, um auf die individuellen Bedürfnisse von Kindern und ihrer Familien zu reagieren. Dies beinhaltet Angebote zur Kinderbetreuung ebenso wie Unterstützungsangebote – insbesondere für sozial benachteiligte Familien. Diese Kooperationen dienen schließlich der Bereitstellung von Dienstleistungen, die effizienter, effektiver und wirtschaftlicher sind. Der Zusammenschluss der entsprechenden Partner findet dazu oftmals in der Form statt, dass die Angebote innerhalb einer Einrichtung „aus einer Hand" zusammengestellt werden oder aber alternativ einige Anbieter in unmittelbarer geografischer Nähe miteinander verbunden sind.

Schließlich kollidieren die Betreuungszeiten der öffentlichen Kinderbetreuungsangebote oftmals mit den atypischen Arbeitszeiten der Eltern. Die Dringlichkeit, geeignete Lösungen zu finden, tritt deshalb verstärkt in den Vordergrund, da atypische Arbeitszeiten weiter zunehmen und gleichzeitig die Möglichkeiten zur Unterstützung innerhalb der Familie abnehmen. Es gilt deshalb individuelle Lösungen zu schaffen, welche im Einklang mit den gewandelten Arbeitszeiten stehen. Zum einen kann dies nicht allein von den öffentlichen Institutionen bewerkstelligt werden. Auf der anderen Seite sind private Lösungen (z.B. Tagesmütter) ebenso wenig zur Lösung des Problems geeignet, da die entstehenden Kosten für viele Familien zu hoch ausfallen würden Die Differenz zum Einkommen ist oftmals so gering, dass es sich – zumindest aus finanzieller

Sicht – nicht lohnt, arbeiten zu gehen. Aus diesem Grund müssen flexible Lösungen gefunden werden.

Im Rahmen des vorliegenden Bandes werden hierzu aus einer internationalen Perspektive die damit verbundenen Anforderungen an die jeweiligen nationalen Betreuungssysteme betrachtet. Anhand von Länderreports werden die spezifischen Herausforderungen und Strategien exemplarisch dargestellt. Auf europäischer Ebene wurden dabei die Länder Deutschland, Belgien (Wallonien / Flandern), Luxemburg, Italien, Litauen, Schweden und Großbritannien (England) untersucht sowie weitere Entwicklungen im Betreuungssystem der USA (Staat Maryland).

Die Auswahl der Länder wurde durch folgende Überlegungen getroffen: Insbesondere gegenüber Ländern wie Luxemburg, Belgien oder Litauen ist die öffentliche Wahrnehmung zum Betreuungssystem im deutschen Sprachraum bislang eher begrenzt – hier herrscht ein Informationsdefizit bezüglich des Elementarbereichs. Gerade Luxemburg und Belgien sind vor allem aufgrund ihrer geografischen Nähe zu Deutschland interessant, um hier entsprechende Ähnlichkeiten und Kontraste heraus arbeiten zu können.

Andere Länder hingegen sind zwar unter pädagogischen Gesichtspunkten von prominenter Art (Schweden, Italien), allerdings wurden auch für diese Länder Aspekte einer bedarfsgerechten oder flexiblen Kinderbetreuungsinfrastruktur im deutschsprachigen Raum bislang wenig berücksichtigt. Für die angloamerikanischen Länder gilt Ähnliches, wobei diese wegen der gänzlich privatisierten Betreuungsinfrastruktur zudem ein interessantes Analysefeld darstellen.

Inhaltlich umfasst jeder Länderreport folgende Analysepunkte (wobei hier auch unterschiedliche Schwerpunkte gesetzt wurden):

- Beschreibung des soziodemographischen Hintergrund des jeweiligen Landes
- Historische Entwicklung von Kindertageseinrichtungen
- Finanzierungssystem
- Qualifikation pädagogischer Fachkräfte
- Analyse der Stärken und Schwächen des Elementarbereichs bezüglich Flexibilisierung von Öffnungszeiten und Qualitätssteigerung
- Kooperation zwischen Kindertageseinrichtungen und unterschiedlichen Anbietern von Dienstleistungen für Kinder (Gesundheit, Soziales, etc.)
- Aktuelle politische Strategien und Entwicklungen

Zum Entstehungshintergrund der Länderreports

Einen wesentlichen Teil der Informationsgrundlage für die Länderreports bilden die Ergebnisse aus der transnationalen Kooperation im Rahmen des Equal-Projekts „Arbeit-Betreuung-Chancengleichheit", das von der Europäischen Union gefördert wurde. Die daraus hervorgegangene Arbeitsgruppe „Improving Childcare" setzte sich aus Vertretern verschiedener Partnerorganisationen aus europäischen Ländern zusammen. In diesem Kontext fokussierte die Projektarbeit strategische Herausforderungen im Bereich der institutionellen Kinderbetreuung, wie etwa die Integration öffentlicher und privater Anbieter, die Flexibilität der Betreuungsangebote sowie die qualitative Verbesserung und Lizenzierung von Kindertagespflege.

Während der Projektphasen wurden in zwei Arbeitsgruppen Analysen zu diesen zentralen Themenkomplexen durchgeführt, wobei die Partner ihre Erfahrungen aus dem jeweiligen nationalen Kontext einbrachten und so individuelle Schwerpunkte setzten. Die Grundlage der Analyse bildeten schließlich teilstandardisierte, englischsprachige Fragebögen. Vor diesem Hintergrund lassen sich die Länderberichte als Abbild der wesentlichen strukturellen Merkmale und Entwicklungen der einzelnen Länder auffassen.

Bereits vorliegende Textelemente für die Länder Belgien, Luxemburg, Litauen und Italien wurden mit Genehmigung der Original-Autoren für den vorliegenden Band übersetzt und bearbeitet. Es wurden keine eigenen Recherchen zu diesen Länderbeispielen angestellt. Ziel der Gesamtdarstellung ist in diesem Zusammenhang deshalb auch nicht die eingehende wissenschaftliche Analyse, sondern eine Trendbeschreibung für einzelne Länder auf Basis der Einschätzung von Experten im „Improving Childcare"-Projekt.[1]

---

[1] An der transnationalen Projektgruppe „Improving Childcare" waren die folgenden Partner beteiligt: ABC Arbeit Betreuung Chancengleichheit. Country Germany. Website: http://www.iaq.uni-due.de. DP Lead Partner Arbeiterwohlfahrt Unterbezirk Ennepe-Ruhr; CO.P.IN.- Cooperare per l'Infanzia. Country Italy. Web Site http://www.equalcopin.org DP Lead Partner IAL CISL Abruzzo; ECCE AMA childcare in learning networks Country Belgium. Web Site http://www.vbjk.be/ecce_ama.htm DP Lead Partner VBJK, Resource, Research and Training Centre on Early Childhood Care and Education in Flanders; FORWARD! Family and Work Reconciliation Development. Country Lithuania. Web Site http://www.seimairdarbas.lt DP Lead Partner Women's Issues Information Centre; QUALIflex – Qualität und Flexibilität in der Kinderbetreuung Country Luxemburg. Web Site http://www.caritas.lu. DP Lead Partner Confédération Caritas Luxembourg.
Wir möchten den Teilnehmer/inne/n der transnationalen Partnerschaften „Improving Childcare" danken.: Sabine Görke-Becker (ABC Projekt); Elisa Boaretto, Anna Ciccotti, Chiara Civitano, Luca Barbero (COPIN Projekt); Els Mertens, Nikie Maes, Chris De Kimpe, Katleen Govaert, Lieven Verlinde (ECCE AMA Projekt); Jolita Buzaityte-Kasalyniene, Jurgita Peciuriene, Daiva Atmanaviciene (FORWARD! Projekt); Danielle Schronen, Nicole Horn, Manuel Achten (QUALIflex Projekt).

Des Weiteren wurde im Rahmen der von der Hans-Böckler-Stiftung geförderten Transparenzstudie „Qualitätskonzepte in der Kindertagesbetreuung"[2] ein Qualitätskonzept des Staates Maryland (USA) detailliert analysiert, so dass hier ebenfalls eine fundierte Informationsgrundlage vorliegt. Durch einen Studienaufenthalt Tim Krügers im Bildungsministerium Maryland bestanden hier zudem gute Zugänge, um diese Basis entsprechend der Analyseaspekte zu ergänzen. Besonderer Dank für die umfassenden Informationen gilt Dr. Rolf Grafwallner, dem stellvertretenden Leiter der Abteilung Frühpädagogik des Bildungsministeriums von Maryland (Maryland State Department of Education). Für die Bearbeitung der Fragebögen sowie die umfangreichen Informationen aus Großbritannien möchten wir Chris Pascal und Dr. Tony Bertam vom „Centre for Research in Early Childhood" in Birmingham danken.

André Menke hat ein Studienjahr in Schweden dazu genutzt, entsprechende Quellen zum Thema „Bedarfsorientierung und Qualität" zu sammeln und zu dokumentieren. Daran anknüpfend konnte er sich durch Besuche in Betreuungseinrichtungen für Kinder sowie Gespräche mit dem pädagogischen Personal ein Bild von der Praxis verschaffen. Dementsprechend liegen auch bezüglich des Länderreports für das Land Schweden ausführliche Rechercheergebnisse vor. Auch den schwedischen Ansprechpartnern der Universität Växjö, der Gemeindeverwaltung Växjö sowie den Experten sei an dieser Stelle für ihre freundliche Unterstützung gedankt.

Ein besonderer Dank geht an die Hans-Böckler-Stiftung, ohne deren großzügige finanzielle Unterstützung für die Recherchen in Schweden und den USA sowie für die Übersetzung und Bearbeitung der übrigen Beiträge dieser Band nicht zustande gekommen wäre. Der Leiterin der Abteilung Forschungsförderung der Hans-Böckler-Stiftung, Frau Dr. Erika Mezger, danken wir für ihren Einsatz bei der Realisierung des Projektes.

Birgül Simsek und Lisa Schlänger haben wir für den unermüdlichen Einsatz bezüglich der Layout- und Korrekturarbeiten zu danken. Dr. Sybille Stöbe-Blossey für die konstruktive Kritik. Alle etwaigen verbleibenden Fehler gehen zu Lasten der Autoren.

---

[2] Esch, K. / Klaudy, E:K:/ Micheel, B. / Stöbe-Blossey, S. (2006): Qualitätskonzepte in der Kinderbetreuung. Ein Überblick Wiesbaden

Länderreport Luxemburg

1 Historischer Hintergrund und politische Trends

Die Kinderbetreuungslandschaft im Großherzogtum Luxemburg ist geprägt vom traditionell männlichen Ernährermodell, so dass die geschlechtliche Arbeitsteilung dazu führte, dass die meisten Frauen keiner Erwerbstätigkeit nachgingen und zu Hause blieben, um dort die Pflege und Betreuungsarbeit zu übernehmen. Die Angebote der institutionellen Kinderbetreuung werden seit dem letzten Drittel des 20. Jahrhunderts vom luxemburgischen Familienministerium subventioniert, allerdings wurden diese öffentlichen Betreuungsstrukturen typischerweise als lediglich unterstützende Angebote betrachtet, welche sich vornehmlich an sozial benachteiligte oder behinderte Kinder richteten. Diesen Entwicklungen zufolge bleibt Kinderbetreuung in Luxemburg daher bis heute verstärkt familial organisiert. Ein gesellschaftlicher Mentalitätswandel vom tradierten Bild der geschlechtlichen Arbeitsteilung hin zur geschlechtlich gleichberechtigten Erwerbstätigkeit hat sich seither entsprechend langsam vollzogen.

Erst mit der Lissabon-Strategie der EU aus dem Jahr 2000 wurde ein Ansatzpunkt geschaffen, welcher das gesellschaftliche Umdenken und somit das Aufbrechen der konservativen gesellschaftlichen Grundhaltung bewirkte. Mit der zentralen Forderung der EU, die Frauenerwerbsquote zu steigern, entstand schließlich auch in Luxemburg die politische Diskussion um die Frage, welche Voraussetzungen geschaffen werden müssten, damit mehr Frauen in den Arbeitsmarkt integriert werden könnten. Unmittelbar mit dieser Herausforderung verknüpft sah die Regierung den Ausbau des institutionellen Kinderbetreuungssystems, da bis dato ein Unterangebot an öffentlichen Betreuungsstrukturen bestand, welches die ausgelöste Nachfrage nicht befriedigen konnte. Diese Tatsache bleibt auch bis heute noch die wesentliche Ursache dafür, dass mehr als die Hälfte aller luxemburgischen Kinder primär innerhalb der Familie betreut werden, was vor allem für die ländlichen Regionen gilt.

Die aktuellen Entwicklungen verweisen allerdings auf einen wesentlichen Umbruch im luxemburgischen Betreuungssystem – mit dem Regierungsbeschluss aus dem Jahr 2005 zum Ausbau der Betreuungsinfrastruktur durch die Schaffung von „Maisons Relais“[3] verfolgt die Regierung intensiv ein Modell

[3] Règlement grand-ducal du 20 juillet 2005 concernant l'agrément à accorder aux gestionnaires de maison relais pour enfants

integrierter Betreuungsleistungen, die aus einer Hand angeboten werden und die die bestehenden Betreuungsstrukturen maßgeblich erweitern sollen. Daneben steht beim Konzept der „Maison Relais“ die Vernetzung aller an Kinderbetreuung beteiligten Akteure im Vordergrund – die Tageseinrichtung für Kinder soll somit zum Knotenpunkt zwischen Eltern, Schule und der Gemeinde werden. Befanden sich im Jahr 2005 lediglich 8.000 Kinder in institutionellen Betreuungseinrichtungen, so lag die Zahl Ende 2006 schon bei 10.300 Kindern, was auf einen allmählichen Fortschritt verweist. Die langfristigen Effekte dieser Veränderungsdynamiken bleiben demnach abzuwarten. Premierminister Jean-Claude Juncker schätzte schließlich einen Gesamtbedarf von 30.000 Betreuungsplätzen bis zum Jahr 2013, zu deren Deckung die neuen „Maisons Relais“ einen wesentlichen Teil beitragen sollen.

2 Strukturdaten Luxemburg

Bruttoinlandsprodukt (BIP)	33 Mrd. € (2006) / (71.500 € p.c.)*
Anteil der Haushalte unter der Armutsgrenze	11 %**
Fertilitätsrate	1,65 (2006)**
Anteil der Kinder im Alter von 0 - 15 Jahren an der Gesamtbevölkerung	18,3 % (2007)**

Tabelle 1: Strukturdaten Luxemburg

*Quelle: www.statistiques.public.lu; ** Eurostat

3 Anbieter und Betreuungsformen

Eine Studie des luxemburgischen Zentrums für Bevölkerungs-, Armuts- und sozioökonomische Studien CEPS („Centre d’Etudes de Populations, de Pauvreté et de Politiques Socio-Economiques“)[4] berechnete für das Jahr 2004, dass nahe-

[4] Boussellin, A. Concilier vie familiale et vie professionnelle: Qui garde les jeunes enfants des parents qui travaillent? CEPS, Vivre au Luxembourg, N17, 02/2006.

zu die Hälfte aller Kinder unter 12 Jahren (ca. 35.000) in einem Haushalt mit einer berufstätigen Mutter leben. Für diese Kinder stellt die privat organisierte Betreuung zu Hause die dominante Betreuungsform dar, da für diese Altersgruppe in ca. der Hälfte aller Fälle Großeltern, andere Familienmitglieder, Freunde oder Nachbarn die Betreuungsarbeit übernehmen. Der Anteil an Kindern in institutionellen Betreuungsformen liegt bei lediglich 31 %, so dass die überwiegende Mehrheit der Kinderbetreuung in Luxemburg vom informellen Sektor getragen wird und sich deshalb der öffentlichen Regulation entzieht.

Spätestens im Schulalter verkompliziert sich die Organisation der familiären Betreuung, da zunehmend flexiblere und ortsnahe Betreuungslösungen benötigt werden. Im Jahr 2005 lag die Nachfrage von Familien nach Schulkinderbetreuung in ländlichen Regionen bei 30 %, in urbanen Regionen bei 50 %. Allerdings waren für diese Kinder keine ausreichenden Betreuungsplätze vorhanden.

Die luxemburgische Regierung legt in nationalen Beschlüssen die allgemeinen Rahmenbedingungen für Kinderbetreuung in Form von Auflagen fest. Diese Auflagen müssen von den jeweiligen Trägern von Kinderbetreuung erfüllt werden, um eine staatlich anerkannte Berechtigung („agrément“) zu erhalten. Nur so kann eine angemessene Qualität der Betreuungsangebote sichergestellt werden. Schließlich leistet die Regierung finanzielle Unterstützung der einzelnen Träger für die Bereitstellung der Angebote. Insgesamt lassen sich in Luxemburg folgende Wege zur Übertragung der Kompetenzen an die entsprechenden Träger unterscheiden:

- Die Gemeinde ist unmittelbarer Träger der Einrichtung. Das Personal mit Beamtenstatus wird von der Gemeinde gestellt.
- Die Gemeinde überträgt die Verantwortung zur Bereitstellung von Betreuungsangeboten an eine Non-Profit Organisation. Diese ist dann als Träger verantwortlich für die Erfüllung der staatlichen Auflagen bzw. für das „agrément“. Der Vertrag wird vom Familienministerium und von der Organisation unterzeichnet.
- Die Gemeinde ist der Schirmherr der Einrichtung und vereinbart eine Untervergabe (subcontracting) mit einer Organisation, welche im Namen der Gemeinde die Einrichtung betreibt.

Bis zum Jahr 2005 waren oftmals private Initiativen Träger von Tageseinrichtungen für Kinder, von denen ein Großteil vom Familienministerium (Ministère de la Famille et de l'Intégration) subventioniert werden. Eine Statistik des Familienministeriums aus dem Jahr 2005 zeigt, dass bis dato 62 der insgesamt 146 Einrichtungen im Land öffentlich bezuschusst wurden (ein Anteil von 44,3 % aller nationalen Betreuungsplätze). Träger der seit Mitte 2005 ins Leben gerufenen „Maisons Relais“ sind einzelne Gemeinden bzw. Städte.[5] Bis zum Ende des Jahres 2006 entstanden 87 dieser öffentlich subventionierten Betreuungszentren, an die wiederum 178 lokale Einrichtungen angeschlossen waren. Bei 65 „Maisons Relais“ sind die Gemeinden Träger, 18 werden von Non-Profit Organisationen im Auftrag der Gemeinden betrieben („Associations sans but lucratif – Asbl“) und 4 dieser Zentren werden von Kooperationsverbänden mehrerer Gemeinden, so genannte Gemeindesyndikaten („Syndicats de Communes“), operiert. Insgesamt schafft der Ausbau der „Maisons Relais“ eine verschärfte Konkurrenzsituation gegenüber allen übrigen Trägern.

Die freien Träger und Wohlfahrtsverbände übernehmen neben der Organisation von Kinderbetreuung Aufgaben zur Forschung und Entwicklung des Sektors. Dies geschieht in enger Kooperation mit der Regierung, welche seit jeher erfolgreiche private Initiativen unterstützt und fördert. Diesen Trägern ist somit stets daran gelegen, innovative Betreuungskonzepte zu schaffen und weiter zu entwickeln, was immer häufiger in transnationalen Kooperationen im Rahmen von EU-Projekten verfolgt wird.

Lizenzierte Tageseltern spielen eine eher untergeordnete Rolle im Kinderbetreuungssystem – 588 Kinder wurden im Jahr 2005 von 286 registrierten Tageseltern betreut. Die CEPS-Studie aus dem Jahr 2004 (s.o.) geht von einem Anteil von 23 % aller Kinder berufstätiger Eltern unter 12 Jahren aus, welche diese Betreuungsoption wählten. In Luxemburg deckt der Sektor der Kinderbetreuung den Altersbereich von 0-12 Jahren ab, der Jugendsektor den daran anschließenden Bereich von 12-18 Jahren. Kinder im Alter von 4-16 Jahren unterliegen der allgemeinen Schulpflicht. Ein gesetzlicher Anspruch auf einen Platz in einer Tageseinrichtung für Kinder existiert nicht.

An den meisten Schulen gibt es Angebote zur frühkindlichen Erziehung („enseignement précoce“), die in der Regel fünfmal wöchentlich einen 3-stündigen Unterricht für Kinder im Alter von drei Jahren anbieten. Dieses Angebot ist nicht verpflichtend und richtet sich primär an Kinder mit Migrationshintergrund, um diese für die spätere Schullaufbahn mit der luxemburgischen Sprache vertraut zu machen, da in den Familien oftmals neben der Muttersprache lediglich Französisch gesprochen wird. Die Angebote der „éducation précoce“ sind für Eltern kostenlos. Die genaue Organisation des wöchentlichen Stundenumfangs wird von der jeweiligen lokalen Gemeindeverwaltung übernommen und kann deshalb variieren. Die Betreuungsangebote von Schulen und anderen Be-

---

[5] Das Land wird untergliedert in drei Distrikte (Grevenmacher, Luxemburg, Diekirch) mit zwölf Kantonen und 116 Gemeinden. Zwölf dieser Gemeinden haben den Status einer Stadt. Die Gemeinden sind Selbstverwaltungskörperschaften, die allerdings der Rechtsaufsicht der vom Großherzog ernannten Distriktskommissare unterliegen

treuungseinrichtungen überschneiden sich, so dass es letztendlich von der Wahl der Eltern abhängt, welchen Einrichtungstyp ihr Kind besucht.

Die Krippen („Crèches“) bieten eine Betreuung für Kinder bis zum Alter von 4 Jahren an und sind meistens ganzjährig und ganztägig geöffnet. Die Träger dieser Einrichtungen sind meistens privat und werden nicht öffentlich subventioniert. Typischerweise sind die „Crèches“ durch überwiegend französischsprachiges Personal geprägt, da viele Betreuungskräfte aus dem benachbarten Belgien oder Frankreich, angezogen durch die höheren Löhne, nach Luxemburg kommen.

Die „Foyers de our“ sind reguläre Einrichtungen zur Ganztagsbetreuung insbesondere von Schulkindern und nehmen Kinder im Alter von 4-12 Jahren auf. Die Einrichtungen haben einen großen Einzugsbereich, in urbanen Regionen ist das Angebot entsprechend nach den jeweiligen Stadtteilen gegliedert. „Foyers de jour“ bieten in der Regel starre Betreuungszeitmodelle an, da sie entweder nur halbtags oder ganztags in Anspruch genommen werden können. Das Angebot ist im Anschluss an den Unterricht, aber auch während der Schulferien verfügbar.

In manchen Fällen kombinieren Einrichtungen die Angebote der „Crèches“ und der „Foyers de jour“, so dass dann der Altersbereich von 0-8 Jahren umfasst wird. Des Weiteren besteht die Möglichkeit für eine gelegentliche stundenweise Betreuung („Garderies“), die für Kinder im Alter von 2-10 Jahren offen stehen. Die nachfolgende Tabelle gibt einen Überblick bezüglich der Anzahl der verschiedenen Einrichtungsformen und deren Kapazitäten:

Einrichtungsform	Anzahl subventionierter Einrichtungen	Kapazität (Plätze)	Anzahl nicht-subventionierter Einrichtungen	Kapazität (Plätze)
I. Anerkannte öffentliche Einrichtungsformen				
„Crèches" (0-4 Jahre)	26	743	50	1242
„Foyers de our" (4-12 Jahre)			4	87
Kombinierte Einrichtungen (0-8 Jahre)	25	1280	18	579
„Garderies" (2-10 Jahre)	9	158	7	103
Gesamt	60	2181	79	2011
II. Anerkannte betriebliche Einrichtungen				
Reserviert für EU-Mitarbeiter			2	717
Reserviert für Krankenhauspersonal			4	122
Reserviert für Mitarbeiter von Unternehmen			5	177
Gesamt			11	1016
Gesamt (Anzahl aller Einrichtungen): 150				

Tabelle 2: Übersicht Einrichtungsformen

Quelle: Ministère de la Famille et de l'Intégration: Rapport d'activité 2006: 59

4 Finanzierung

Die Kosten für den Betrieb von Einrichtungen für Kinder von 0-4 Jahren werden komplett durch öffentliche Mittel getragen. Die Kosten für den Betrieb von Einrichtungen für Kinder von 3-12 Jahren werden zu 50 % vom Staat und zu 50 % von den Gemeinden übernommen. Die Gemeinden tragen jeweils die Infrastrukturkosten, welche aber ebenfalls vom Staat subventioniert werden (zu 50 % und maximal 10.000 € pro Platz). In beiden Fällen bezahlen die Eltern einen festen Beitrag, welcher vom Staat veranschlagt wird (3 € pro Stunde im Jahr 2006). Einige Gemeinden haben beschlossen, diesen Betrag für einkommensschwache oder sozial benachteiligte Familien zu senken. Somit steht der lokalen Verwaltungsebene eine gewisse Autonomie zu.

In Tageseinrichtungen, die nicht vom Familienministerium subventioniert werden, entscheidet der Träger über die Höhe der zumeist einheitlichen Elternbeiträge. Im Falle von Einrichtungen mit flexiblen Betreuungszeiten müssen Eltern lediglich die tatsächlich in Anspruch genommene Betreuungszeit bezahlen, während in den klassischen subventionierten Betreuungseinrichtungen nur zwischen Halbtags- und Ganztagsbetreuung unterschieden wird. Private Anbieter sind meistens teurer als öffentliche Anbieter, so dass für die Eltern monatliche Kosten für einen Ganztagsplatz in Höhe von mindestens 700 € entstehen. Die Einrichtungen der freien Träger (d.h. NGO-betriebene Einrichtungen) werden in Luxemburg vom Familienministerium finanziell unterstützt. Hierbei wird die Höhe der gestaffelten Elternbeiträge ebenfalls vom Ministerium festgelegt und beträgt im Minimalfall etwa 100 € pro Monat für einen Ganztagsplatz, wobei Eltern in Krisensituationen der finanzielle Zugang erleichtert wird.

5 Personalqualifikation

Zunächst gibt es in Luxemburg unterschiedliche Berufsausbildungen für das Personal in Schulen einerseits und für Erzieher/innen andererseits. Die Ausbildungsinhalte für Erzieher/innen sind nicht speziell für die Arbeit mit Kindern konzipiert, sondern zielen eher auf die Unterstützung und Förderung sozial benachteiligter Personen – das vermittelte Berufsbild gleicht also eher dem eines Sozialarbeiters. Paradoxerweise folgt das Betreuungspersonal in seiner Arbeit schließlich auch weniger dem ‚Bildungsauftrag' als dem ‚Betreuungsauftrag'. Das Personal in Tageseinrichtungen für Kinder besteht in der Regel zum einen aus „Éducateurs/éducatrices" mit einer Ausbildung gemäß ISCED Niveau 3 und zum anderen aus „Éducateurs/éducatrices gradué(e)s", die über das ISCED Niveau 4 verfügen[6]. Zum Vergleich muss ein Schullehrer ein vierjähriges Bachelor-Studium mit 240 ECTS credits[7] absolvieren, während das dreijährige Bachelor-Studium der Sozialpädagogik lediglich 180 credits umfasst. In der Vergangenheit umfassten die Ausbildungsprogramme jeweils drei Jahre, wobei das Berufsbild des Lehrers nach wie vor an ein vergleichsweise höheres Einkommen und Sozialprestige geknüpft ist.

---

[6] International Standard Classification of Education (ISCED), UNESCO, 1997.

[7] Gemeint ist das „European Credit Transfer and Accumulation System (ECTS)", das im Zuge des Bologna-Prozesses eingeführt wurde. Es ermöglicht die europäische Vergleichbarkeit des studentischen Arbeitsaufwandes, der für die Absolvierung eines Studienganges benötigt wird.

Im Folgenden wird eine Übersicht zu den typischen Personalkonstellationen in den verschiedenen Einrichtungsformen gegliedert nach deren Qualifikationsniveau gegeben:

Crèche (0-4 Jahre) und Foyer de jour (4-12 Jahre):
- Kinderpfleger/innen und Erzieher/innen, Sozialpädagog/inn/en
- die Anforderungen an das Niveau der Ausbildungsabschlüsse sind in öffentlich subventionierten Einrichtungen höher als in nicht-subventionierten.

Tageseltern:
- Personen (meistens Frauen) ohne formale Ausbildung
- ein aktueller Gesetzesentwurf sieht verbindliche Qualifizierungsmaßnahmen im Umfang von 100 Stunden vor, allerdings verfügen die meisten Tageseltern bis heute über keine entsprechende Ausbildung, so dass der Beruf weiterhin im informellen Sektor und damit nicht regulierbar bleibt.

Enseignement précoce (ab drei Jahren):
- Lehrpersonal bzw. gemischtes Team aus Lehrpersonal und Erzieher/innen,
- Sprachförderung steht im Mittelpunkt: Insbesondere Kinder ausländischer Herkunft sollen für die weitere Bildungsbiographie spielerisch mit der luxemburgischen Sprache vertraut gemacht werden.

Spillschoul (4-6 Jahre):
- Vorschul-Lehrer/innen, die speziell für die Arbeit mit Kindern vor dem Schuleintritt ausgebildet wurden.

Schule (6-12 bzw. -15 Jahre):
- Lehrer/innen, die speziell für die Arbeit mit Kindern im Primar- und Sekundarbereich ausgebildet wurden.

6 Integrierte und flexible Angebote

6.1 Politische Strategie

Der quantitative Ausbau des Betreuungssystems von der frühkindlichen Förderung bis hin zur Schulkinderbetreuung wurde in den vergangenen Jahren zur obersten Priorität der luxemburgischen Familienpolitik erklärt, um die in der Lissabon-Strategie festgelegten Ziele zu erreichen. Dabei nahm das Familienministerium in der Vergangenheit allerdings eine wesentliche Kursänderung in seiner Strategie zur Erreichung dieses Oberziels vor: Anfangs setzte man verstärkt darauf, Großunternehmen zur Schaffung betriebsnaher Betreuungslösungen zu bewegen. Schnell wurde allerdings klar, dass die so entstandenen Einrichtungen nur eine optimale Betreuung der Kinder bis zum Schuleintritt gewähren konnten. Daher fördert das Ministerium seit jüngstem den flächendeckenden Ausbau lokaler bzw. regionaler Angebote in Form so genannter „Maisons Relais", welche den Kindern ein Aufwachsen im vertrauten sozialen Umfeld ermöglichen sollen. Diese Einrichtungen wurden insbesondere zur ganzheitlichen Betreuung von luxemburgischen Schulkindern konzipiert und richten sich an alle Kinder im Alter von 3-12 Jahren.

Die luxemburgische Regierung veranschlagte für das Jahr 2007 eine Investition von 47,4 Mio. € für den Ausbau des öffentlichen Betreuungssystems und den damit verbundenen Aufbau weiterer „Maisons Relais". Hierdurch wird das generelle politische Ziel des Familienministeriums zur Schaffung neuer und die Weiterentwicklung der wenigen vorhandenen öffentlichen Angebote zur Kinderbetreuung intensiv weiterverfolgt.

Die Finanzierung der „Maisons Relais" wird nach gesetzlicher Regelung gemeinsam von der lokalen Verwaltung und von der Regierung übernommen. Über das genaue Finanzierungsmodell wird zurzeit noch diskutiert. Zunächst lag der Elternbeitrag für das Jahr 2006 pauschal bei 3 € (pro Stunde und Kind), daneben existierten spezielle Subventionen für Eltern mit niedrigem Einkommen. Für das Jahr 2007 wurden nach Verhandlungen des Verbandes aller Gemeinden einkommensabhängige Elternbeiträge eingeführt, wobei der Großteil zur Finanzierung des Angebotes aus öffentlichen Mitteln stammt. Die wesentlichen Elemente und die Funktionsweise des Modells werden im Folgenden näher vorgestellt

6.2 Organisation der Kooperation

Das „règlement grand-ducal" formuliert den administrativen Rahmen mit allgemeinen Regelungen zur Finanzierung und Verwaltung hinsichtlich der Angebotsgestaltung der „Maisons Relais". Darüber hinaus sieht der Beschluss aber gleichermaßen die Gestaltungsfreiheit bezüglich des pädagogischen Konzeptes und der Betreuungszeitmodelle für die jeweilige Gemeinde vor. Die Träger verfügen also über ein hohes Maß an Autonomie hinsichtlich der Organisationsentwicklung und der Gestaltung des Integrationsprozesses der Angebote. Um eine einrichtungsübergreifende Qualität der Angebote im ganzen Land sicherzustellen, bedarf es in Zukunft schließlich noch der Schaffung angemessener und für alle Träger verbindlicher Standards. Als ein Beispiel des möglichen Vernetzungsansatzes sei das Modell der „Maisons Relais“ erwähnt. Hier wird versucht, die Angebote der „Maisons Relais“ einerseits auf der lokalen und andererseits auf der regionalen Ebene zu vernetzen.

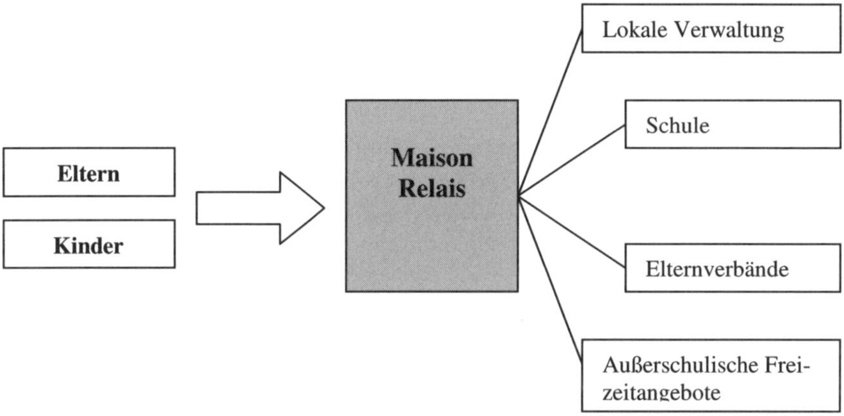

Abbildung 1: Die „Maison Relais“ als „One Stop Service“ im lokalen Netzwerk:

Quelle: Danielle Schronen. The Maison Relais as a „One Stop Service“. Qualiflex-Projekt der Caritas Luxemburg (übersetzt und leicht modifiziert).

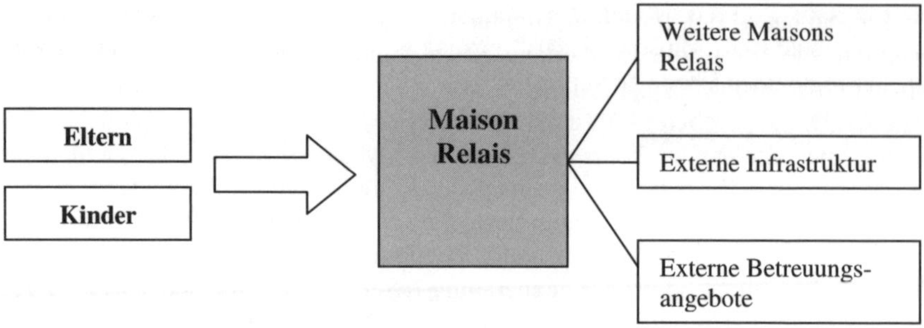

Abbildung 2: Die „Maison Relais“als „One Stop Service“ im regionalen Netzwerk

Quelle: Danielle Schronen. The Maison Relais as a „One-Stop-Service“. Qualiflex-Projekt der Caritas Luxemburg (übersetzt und leicht modifiziert).

Die Schaffung der „Maisons Relais“ verlangt neue Wege der Zusammenarbeit innerhalb der vorhandenen Strukturen der betroffenen Sektoren. Zunächst ist es notwendig, eine Plattform von öffentlichen und privaten Dienstleistungsanbietern zu schaffen, welche auf der Basis einer gemeinsamen Vereinbarung strukturiert wird. Dadurch wird es von Beginn an möglich, die diversen Leistungsangebote in den Rahmen eines kohärenten Konzepts für eine Einrichtung bzw. eine Region etc. zu fassen. Diese Vorstellung ist zentral für die Organisationsentwicklung der „Maisons Relais“ und unterstützt den Prozess der effizienten Organisation der Aktivitäten und Angebote, so dass stets das Kind im Zentrum der Angebotsplanung steht und nicht die Einzelinteressen der jeweiligen kooperierenden Akteure. Im Verlauf dieses Entwicklungsprozesses bezüglich Organisation und Qualität des Leistungsangebotes durchlaufen die Einrichtungen zumeist ähnliche Stufen, wie z.B. die Erstellung eines pädagogischen Konzepts, Planung der Personalstruktur und -entwicklung etc. Zudem findet in den meisten Fällen ein regelmäßiger Austausch innerhalb thematischer Arbeitsgruppen sowie auf der Managementebene statt.

Daneben können die Kooperationsformen und der Grad der Integration je nach Situation der einzelnen Anbieter in der Ausgangslage von Fall zu Fall variieren. So hat es sich für einige Bündnisse angeboten, weitere individuelle Maßnahmen wie bspw. die Erarbeitung eines gemeinsamen Finanzierungsmodells anzustreben. Einige Organisationen – wie etwa die Caritas Luxemburg – befinden sich hingegen bereits in einem etablierten Netzwerk unterschiedlicher Anbieter, die miteinander kooperieren. In den „Maisons Relais“ der Gemeinden Bastendorf und Burden vernetzte man die Einrichtungen miteinander – es entstand eine Vermittlung von Tageseltern, die Öffnungszeiten wurden flexibilisiert und die Elternpartizipation intensiviert. Wiederum andere Angebote, wie psychologische Betreuung oder Familienberatung („Service de guidance“) werden von einigen öffentlichen Betreuungseinrichtungen direkt vor Ort angeboten.

Richtet man den Blick von den Netzwerken der Einrichtungen auf die Ebene der Träger bzw. des Ministeriums, so lassen sich in Luxemburg die folgenden zentralen Kooperationsverbände finden, die sich unterschiedlichen thematischen Schwerpunkten widmen:

„Entente des Gestionnaires des Centres d'accueil (EGCA)“

Der „Verband der Träger von Betreuungseinrichtungen“ entstand 1977 und zählt derzeit 68 Mitglieder. Es handelt sich um einen Dachverband sämtlicher sozialer Einrichtungen (nicht nur der Kinderbetreuung), dessen Hauptaufgabe in der Koordination der einzelnen Initiativen der Mitglieder bzw. der Diffusion von Innovation besteht. Es ist somit ein Raum zum Erfahrungsaustausch und zur Reflexion entstanden, welcher den Dialog zwischen Regierung und Zivilgesellschaft ermöglicht und organisiert. Des Weiteren kontrolliert der Verband die Entwicklung der legislativen und administrativen Rahmenbedingungen, verhandelt politische Orientierungen, die Finanzierung des sozialen Sektors und die Kooperationsformen aller beteiligten Akteure. Zudem gewährt der EGCA technische Unterstützung und organisiert weitere Dienstleistungen, wie z.B. den „Service de placement familial (SPLAFA)“, eine Agentur zur Vermittlung von Pflegefamilien und Tageseltern für Kinder. Sämtliche mit diesen Aspekten verbundenen Fachinformationen werden schließlich innerhalb des Netzwerkes über die Mitglieder weiterverbreitet.

„Entente des Foyers de Jour (EFJ) “

Im Sektor der Kinderbetreuung organisiert der „Verband der Tageseinrichtungen für Kinder“ im Wesentlichen die kontinuierliche Personalentwicklung der entsprechenden Einrichtungen. So kam dem EFJ zuletzt die beratende Funktion in einer Arbeitsgruppe des Familienministeriums zur Festsetzung des Umfangs von Fort- und Weiterbildungsmaßnahmen für niedrig qualifiziertes Betreuungspersonal zu. Wie auch der EGCA wird der EFJ staatlich subventioniert.

Ein großer Anteil der Regionen in Luxemburg ist ländlich geprägt, so dass in vielen Fällen zunächst keine institutionellen Strukturen zur Kinderbetreuung verfügbar sind. Ein wesentlicher Grund dafür sind die fehlenden finanziellen Ressourcen der ländlichen Gemeinden, welche den Aufbau von Einrichtungen in den einzelnen Dörfern vorantreiben könnten. In diesem Szenario bietet es sich deshalb besonders an, die wenigen vorhandenen Einrichtungen in ein gemeinsames Netzwerk zu integrieren. Dies würde im nächsten Schritt einerseits die Schaffung eines Pools von Fachkräften der einzelnen Leistungsanbieter (z.B. Gesundheitsvorsorge, Psychologen) beinhalten, die mit dem Netzwerk der Einrichtungen kooperieren. Andererseits geht es um die regionale Bereitstellung komplementärer Angebotsstrukturen, welche bspw. unter Verwendung eines Rotationssystems passgenau organisiert werden können (z.B. übernimmt eine Einrichtung die Wochenend- oder Ferienbetreuung).

Ein weiteres Hemmnis besteht darin, dass das traditionelle Kinderbetreuungssystem strikten gesetzlichen Vorgaben und Regulierungen unterliegt. Eine Restrukturierung dieser konventionell operierenden Betreuungseinrichtungen hin zu integrierten Angeboten würde sich deshalb als äußerst problematisch erweisen. Dies gilt insbesondere für die veralteten Finanzierungsmodelle, welche sich kaum auf die meisten ländlichen Regionen übertragen ließen.

Der Regierungsbeschluss eröffnete aber auch gerade für die ländlichen Regionen Luxemburgs erstmals jene finanziellen Möglichkeiten, um Betreuungsangebote für Kinder institutionell zu organisieren.

6.3 Personalqualifikation

In den „Maisons Relais“ muss mindestens während 80 % der Betreuungszeiten qualifiziertes Personal wie Erzieher/innen und Pädagog/inn/en (auch mit dem Grad eines B.A.) anwesend sein, wobei gewisse Tätigkeiten auch von niedriger qualifiziertem Personal übernommen werden können. Um die Personalkosten trotzdem möglichst gering zu halten und weitere Arbeitsplätze zu schaffen, werden Fort- und Weiterbildungsmaßnahmen für Arbeitssuchende angeboten – so wurde ein dreimonatiges Training im Rahmen der von der Europäischen Union geförderten QUALIflex-Initiative entwickelt, welches der Forderung des Familienministeriums nach einer Zusatzausbildung von 100 Stunden gerecht wird. Im Rahmen der QUALIflex-Trainingsmaßnahme wurden hauptsächlich Frauen rekrutiert, die nach der Betreuung während der ersten Lebensjahre ihrer Kinder erneut in den Arbeitsmarkt eintreten wollten. Durch ihre Erfahrung können diese Personen oftmals das zumeist noch junge, formal höher qualifizierte Personal in der Praxis sinnvoll ergänzen.

Im Rahmen der von der EU geförderten EQUAL-Initiative verfolgten die unter der Leitung der luxemburgischen Caritas durchgeführten Projekte „FOGAflex" und „QUALIflex" die Erweiterung und Flexibilisierung der Öffnungszeiten von Betreuungseinrichtungen. Durch die damit verbundene Notwendigkeit der Erhöhung des Personalvolumens wurden Fort- und Weiterbildungsmaßnahmen für niedrig qualifiziertes Betreuungspersonal geschaffen. Der Kern des Projektes ist die Ausbildung von insgesamt ca. 40 erzieherischen (Hilfs-)Kräften, deren Ziel die Vorbereitung auf eine Tätigkeit im Bereich der Kinderbetreuung ist. Die einzelnen Phasen der Ausbildung werden mit Mitarbeiter/inne/n der luxemburgischen Arbeitsagentur (ADEM) geplant und durchgeführt. Die als arbeitslos oder arbeitssuchend gemeldeten Teilnehmenden werden über Auswahlgespräche rekrutiert und müssen strenge Auswahlkriterien erfüllen.

Die insgesamt 10-wöchige Ausbildung besteht aus einem ca. 160-stündigen theoretischen Teil und einem Praktikum. Das Praktikum findet in Kinderbetreuungsstrukturen statt, jeder auszubildenden Person steht ein/e erfahrene/r Erzieher/in als Tutor zur Seite. Bei erfolgreichem Abschluss der Ausbildung (Examen) erhalten die Teilnehmer/innen ein Zertifikat des Erziehungsministeriums. Um die Einstellungschancen der Auszubildenden zu erhöhen, werden in speziellen Trainingsmodulen besonders die Bereiche „Arbeit in einer „Maison Relais", „Arbeit als Tageseltern (im eigenen Haushalt)" und „Arbeit im Haushalt von Familien" hervorgehoben. Fast ein Drittel der im Rahmen der EQUAL-Projekte FOGAflex und QUALIflex bisher ausgebildeten Personen erfüllen die Zugangsbedingungen, um als qualifiziertes Personal in einer „Maison Relais" zu arbeiten. Für diese Personen sind zudem Intensivkurse zur Weiterbildung vorgesehen.

Die Dienstplangestaltung und damit auch die genaueren Regelungen bezüglich der Arbeitszeiten sind Aufgabe des Trägers der jeweiligen Einrichtung und nicht vom Familienministerium vorgegeben. Somit gibt es feste und flexible Arbeitszeiten, wobei sich herauskristallisiert, dass ein Teil des Personals lediglich einige Stunden am Tag benötigt wird, um dann besonders zu Stoßzeiten (z.B. zur Mittagszeit) eingesetzt zu werden.

Für solche typischen Teilzeitstellen bleibt gerade die Anwerbung und Einstellung von qualifiziertem Personal eine wesentliche Herausforderung. Andererseits bieten die flexibilisierten Arbeitszeiten besonders für fachfremde, arbeitssuchende Personen die Möglichkeit, über Fort- und Weiterbildungen in den Berufssektor einzutreten. Die oben vorgestellten Projekte „FOGAflex" und „QUALIflex" können exemplarisch diese neu entstandenen, aus der Angebotsflexibilisierung hervorgehenden Gestaltungsmöglichkeiten für Arbeitsmarkt und Personalentwicklung illustrieren. Die positiven Erfahrungen aus diesem erfolgreichen Projekt wurden schließlich von der Regierung aufgenommen und in die Vorgaben zur Angebotsgestaltung der „Maisons Relais" eingearbeitet. Die enge Kooperation zwischen Ministerium und Trägern verdeutlicht hierbei insbesondere die „kurzen Wege" in der luxemburgischen Verwaltung.

Neben der Rekrutierung von qualifiziertem Personal verlangen flexible Betreuungszeiten einen erhöhten organisatorischen und administrativen Aufwand. Da die meisten Fachkräfte in den Einrichtungen von den traditionellen Zeitmodellen der Halbtags- und Ganztagsbetreuung geprägt wurden, ist aus diesem Grund Umdenken gefordert. Momentan vollzieht sich deshalb ebenfalls eine Re-Orientierung in der Mentalität des Personals, was nicht zuletzt mit einem gewandelten Verständnis der Kinderbetreuung als „Dienstleistung" einhergeht.

Im Zusammenhang mit der Bereitstellung flexibler Betreuungszeiten kommt besonders Anbietern von Kinderbetreuung im eigenen Haushalt bzw. Tageseltern eine Schlüsselfunktion zu.

6.4 Flexibilität

„Maisons Relais" bieten flexible Betreuungsangebote für Kinder an. Die Idee, auf der das Konzept basiert, betrachtet die Einrichtung als Dreh- und Angelpunkt zwischen Eltern und der Schule. Nach diesem Vorbild stellt das Modell „Maison Relais" eine Schnittstelle verschiedener Angebote dar: So gehen die Kinder von zuhause aus in die Betreuungseinrichtung, von dort aus in die Schule und schließlich kehren sie aus der Schule zurück in die gleiche Einrichtung (zum Mittagessen), etc.

Da sich viele der „Maison Relais"-Einrichtungen derzeit noch in der Aufbau- und Erprobungsphase befinden, bleibt noch abzuwarten, wie sich verschiedene organisatorische Arrangements bezüglich der Flexibilisierung von Öffnungszeiten zukünftig etablieren werden. Die nachfolgenden Betrachtungen spiegeln daher größtenteils die im „règlement" des Familienministeriums enthaltenen Richtlinien und Auflagen wider, da bislang keine fundierten Erfahrungen aus dem pädagogischen Alltag der „Maisons Relais" vorhanden sind.

Der Regierungsbeschluss der „Maisons Relais" sieht einen breiten Zeitrahmen für die flexiblen Betreuungsangebote von 6 Uhr morgens bis 20 Uhr abends vor. Somit soll auf die individuelle Bedarfssituation von Familien eingegangen werden und das bislang etablierte starre Zeitmodell überwunden werden, welches für Eltern lediglich die Wahlmöglichkeiten zwischen Halbtags- bzw. Ganztagsbetreuung vorsah. Weiterhin sollen Möglichkeiten zur Wochenendbetreuung durch die Kooperation mit Tageseltern geschaffen werden. Eine intensivierte Zusammenarbeit wird auch vor dem Hintergrund der Betreuung in der Nacht oder in Krankheitsfällen angestrebt. Für die Betreuung über Nacht werden die Kinder somit nicht in den Räumlichkeiten der Einrichtung betreut. Dieses Angebot ist daher eher punktuell und die maximale Dauer der Nachtbetreuung liegt dementsprechend bei 3 Wochen.

Weiterhin sieht der Regierungsbeschluss vor, dass die Anbieter von Tageseinrichtungen für Kinder eine minimale Öffnungszeit von 200 Stunden im Jahr garantieren müssen. Dies verlangt schließlich eine Bereitstellung von Betreuungsangeboten nicht nur im Rahmen der Schulzeit, sondern auch während der Ferien. Das luxemburgische Familienministerium legt die Entscheidung über die Zeitstruktur, die die Eltern wählen können, bzw. die Frage der Buchungszeitmodelle in die Hände des Trägers einer jeden Einrichtung. Somit ist dieser ebenfalls für die Anmeldemodalitäten verantwortlich. Die Bereitstellung flexibler Betreuungszeiten, welche mit den flexibilisierten Bedürfnissen der Familien korrespondiert, verlangt deshalb einen kontinuierlichen und vorausschauenden Prozess der Angebotsplanung.

Für die „Maisons Relais“ ist im Regierungsbeschluss keine Obergrenze für die Anwesenheitszeit der Kinder angegeben. Zwar existieren bislang keine einheitlichen Finanzierungsmodelle, jedoch ist es in den meisten Einrichtungen der Fall, dass die Eltern die Betreuungsleistung ihres Kindes stundenweise bezahlen – für eine regelmäßige Ganztagsbetreuung wird wiederum ein monatlicher Betrag von den Einrichtungen veranschlagt.

In anderen Einrichtungen liegt die maximale Anwesenheitszeit für Kinder im Alter von 0-3 Jahren zwischen 9 und 10 Stunden pro Tag. Im Alter zwischen 3 und 4 Jahren liegt die durchschnittliche Anwesenheitszeit der Kinder in der Betreuungseinrichtung pro Tag bei ca. 5 Stunden. Da die Kinder in Luxemburg mit 4 Jahren eingeschult werden, umfasst dies besonders die Betreuung am Morgen vor Schulbeginn, zur Mittagszeit und am späten Nachmittag nach Schulschluss.

6.5 Pädagogische Ansätze und Qualitätsmanagement

Die Gestaltung der räumlichen Infrastruktur wird in den meisten Einrichtungen auf die verschiedenen Bedürfnisse der Kinder zu bestimmten Phasen im Tagesablauf abgestimmt (Orte zum Schlafen, Gruppenbereich, Bastelbereich, Küche zur Vorbereitung der Mahlzeiten etc.). Entsprechend dieser Betreuungsmomente gibt es spezifische pädagogische Regelungen und Vereinbarungen für das Betreuungspersonal. Die Träger des Karitasverbandes von Betreuungseinrichtungen haben sich zur Kooperation entschlossen, um ein einheitliches pädagogisches Konzept zu entwickeln. Schließlich soll der pädagogische Alltag im Einklang mit den vom Familienministerium formulierten Oberzielen stehen. Diese beinhalten die Respektierung der Rechte der Kinder, die Förderung der Kinder sowie ihr Recht auf Mitbestimmung.

Dies verdeutlicht einmal mehr die Entscheidungsfreiheit der Träger über die Implementierung spezifischer pädagogischer Ansätze. Dies soll schließlich die Anpassung der Angebotsgestaltung an den jeweiligen lokalen Kontext einer Einrichtung bzw. an die individuellen Bedürfnisse der Familien ermöglichen. Der staatlichen luxemburgischen Verordnung zufolge besteht ein Unterschied zwischen einem Kernangebot, welches jedes „Maison Relais" zur Verfügung stellen muss, und dem darüber hinaus bereitgestellten, ergänzenden Angeboten, für die jede Einrichtung eine zusätzliche finanzielle Unterstützungsleistung des Familienministeriums in Anspruch nehmen kann. Die Betreuung von Kindern mit Behinderungen in den „Maisons Relais" kann beispielhaft ein solches ergänzendes Angebot darstellen. Mit den zusätzlichen Mitteln können bspw. entsprechend medizinisch bzw. therapeutisch zertifizierte Fachkräfte für die individuelle Betreuung dieser Kinder temporär hinzugezogen werden.

Über diesen Finanzierungsmechanismus ist es der Regierung möglich, stets über zusätzliche Angebote informiert zu sein und diese transparenter für die Öffentlichkeit zu machen. Die Schaffung von Angeboten für behinderte Kinder wird vom Ministerium dabei verstärkt verfolgt.

Der Aspekt der Beobachtung der individuellen kindlichen Entwicklung in Form von Monitorings und Dokumentationen bleibt von gesetzlicher Seite aus in Luxemburg bislang unbeachtet. Nichtsdestotrotz verwenden einige Anbieter der „Maisons Relais" entsprechende Instrumente (Beobachtungsbögen zur Dokumentation etc.) und haben spezielle thematische Arbeitsgruppen gegründet. In diesem Zusammenhang werden ebenfalls die genauen Zuständigkeitsbereiche der einzelnen Personalmitglieder festgelegt und Verantwortlichkeiten geklärt. Hinsichtlich der Supervision des Personals sieht das Familienministerium die Bereitstellung von entsprechenden finanziellen Ressourcen vor.

Die Transportkosten für Kinder werden vom Staat grundsätzlich nicht übernommen, so dass bei Bedarf eines Transportservices die Kosten für das Fahrzeug von der jeweiligen Gemeinde getragen werden. In den meisten Fällen bringen die Eltern ihre Kinder (0-3 Jahre) allerdings persönlich in die Einrichtung und holen sie von dort auch wieder ab. Dies stellt gerade den regelmäßigen Kontakt zwischen Eltern und pädagogischen Fachkräften sicher. Bei Schulkindern, die mit dem Bus zur Schule kommen und nur über die Mittagsstunden die „Maison Relais" brauchen, ist der Kontakt zu den Eltern schwieriger herzustellen

7 Praxisbeispiel

Das Angebot der Einrichtung des Netzwerkes „SISPOLO" in Hosingen richtet sich primär an Schulkinder. Durch die Kooperation zwischen vier ländlichen Gemeinden wurde unter Beteiligung des Bildungs- und Familienministeriums ein integriertes Angebot geschaffen, welches die lokale Schule, die Kinderbetreuungsangebote der „Maisons Relais" sowie lokale Sport- und Freizeitvereine miteinander vernetzt. Das so entstandene Netzwerk umfasst auch die Kooperation mit einem Verein für behinderte Personen (welcher die Küche für die Schulkinder betreibt) und dem Naturparkzentrum, das vielfältige Angebote für Kinder bereitstellt.

8 Zusammenfassung und Ausblick

Die luxemburgische Regierung räumt den lokalen Verwaltungen und Trägern Luxemburgs eine grundsätzliche Autonomie zur Gestaltung der pädagogischen Konzeption und der Betreuungszeitmodelle ein. Dadurch kann eine Orientierung des Betreuungsangebots an den jeweiligen Bedingungen des Sozialraums sichergestellt werden und die „Maisons Relais" können optimal auf die individuellen Bedarfssituationen der Familien vor Ort eingehen. Allerdings kommt in diesem Zusammenhang der Aufsichts- und Regulationsfunktion der lokalen Verwaltungen eine zentrale Bedeutung zu. Das Konzept der „Maisons Relais" verfügt also in dieser Hinsicht über das Potenzial, neue Impulse zu geben und wesentliche Weiterentwicklungen im Elementarbereich voranzutreiben und damit dem Ziel näher zukommen, gleiche Voraussetzungen für alle Kinder und Familien zu schaffen. Schließlich gilt es hierbei auch, weitere Strategien zur Vernetzung mit dem Schulsystem zu entwickeln, um insbesondere die Kooperation der einzelnen Bildungsbereiche weiterhin zu intensivieren. Bisher liegt keine verbindliche Regulation zur Zusammenarbeit zwischen Schulen und anderen Einrichtungen der Kinderbetreuung vor, so dass der Dialog in den meisten Fällen individuell geregelt wird und vom persönlichen Engagement der Partner abhängig ist.

Auf der anderen Seite besteht die grundlegende Schwäche des institutionellen Kinderbetreuungssystems Luxemburgs sicherlich im strukturellen Unterangebot der Betreuungsinfrastruktur. Zum einen bieten konventionelle Tageseinrichtungen lediglich starre und damit unangemessene Betreuungszeitmodelle an, zum anderen liegen bisher noch keine Evaluationen über die flexiblen Betreuungsoptionen der „Maisons Relais" vor. Die traditionellen Betreuungsstrukturen drängen insbesondere die Kinder jener Familien mit niedrigem Einkommen oder Migrationshintergrund in den informellen Betreuungssektor, da institutionelle Betreuungslösungen in diesem Falle oftmals finanziell nicht tragbar sind.[8] Dies bedeutet, dass tendenziell jene Kinder mit den (aus verschiedenen sozialen Gründen) schlechtesten Voraussetzungen für den Eintritt in das luxemburgische Schulsystem in der vorschulischen Phase oftmals von unqualifizierten Personen betreut werden, die sich jeder staatlichen Regulierung oder Kontrolle entziehen.

In diesem Zusammenhang besteht eine weitere Herausforderung für das luxemburgische Betreuungssystem in dem Versuch, den beruflichen Status von Tageseltern zu formalisieren und sie in institutionelle Strukturen einzubinden, um die Qualität der von ihnen geleisteten Betreuungsarbeit bewerten zu können und sicherzustellen. So lange jedoch die staatlichen Auflagen für derlei Anbieter zu hoch sind, wird diese Grauzone weiterhin bestehen und die Zahl der unregistrierten Tageseltern steigen. Der Regierungsbeschluss zu den „Maisons Relais" kann eine Schlüsselfunktion einnehmen, um diese Tendenz umzukehren.

Die Partizipation von Männern im Kinderbetreuungssystem, aber auch in der familialen Betreuungsarbeit, ist nach wie vor ein wesentliches Ziel und bleibt unbedingt zu fördern. Die Herstellung geschlechtlich gleichberechtigter Partizipationschancen am Arbeitsmarkt verlangt deshalb auch, Männer verstärkt in Berufe im Bereich der Kinderbetreuung einzubinden. Dies gilt auch hinsichtlich der frühkindlichen Entwicklung, welche ein ausgewogenes Umfeld des Kindes verlangt, was nicht zuletzt die gleichgewichtige Identifikation mit Mutter und Vater(rollen) beinhaltet.

Die aktuelle Situation in Luxemburg verweist allerdings auf ein Bild, das weit von diesen Zielvorstellungen entfernt ist: Die Bereiche der Kinderbetreuung und der Schule sind in den letzten Jahren weiterhin in den Händen der Frauen geblieben. Im Jahr 2005 waren 78 % des gesamten Betreuungs- und Lehrpersonals für Kinder von 3-12 Jahren in Luxemburg weiblich. Für betreute Kinder im Alter von 3-6 Jahren im Schulsektor betrug der männliche Anteil des Personals lediglich 2 %.[9] Im Kinderbetreuungssektor lag der Männeranteil aller Positionen bei 7,5 %[10] für das Jahr 2006. Dagegen ist festzustellen, dass Männer besonders häufig in Führungspositionen wie etwa der Einrichtungsleitung vertreten sind. Eine wesentliche Voraussetzung um das Berufsbild des Erziehers für Männer

[8] Ergebnisse der CEPS-Studie zufolge werden beispielsweise 34 % aller Kinder portugiesischer Herkunft von Tageseltern betreut, während dies lediglich für 18 % der in Luxemburg geborenen Kinder der Fall ist.

[9] Ministère de la Famille et de l'Intégration: Rapport d'activité 2005

[10] Ministère de la Famille et de l'Intégration: Rapport d'activité 2006

attraktiver zu machen wäre die Stärkung der gesellschaftlichen Akzeptanz für Männer, die ihren Beruf im Bereich der Kinderbetreuung ausüben.

9 Literatur

Bousselin, A. (2006): Concilier vie familiale et vie professionnelle: Qui garde les jeunes enfants des parents qui travaillent? CEPS, Vivre au Luxembourg, N17, 02/2006.

Ministère de la Famille et de l'Intégration (2005a): Rapport d'activité 2005.

Ministère de la Famille et de l'Intégration (2005b): Règlement grand-ducal du 20 juillet 2005 concernant l'agrément à accorder aux gestionnaires de maison relais pour enfants

http://www.secu.lu/legis/legis/DR20050720.htm

Ministère de la Famille et de l'Intégration (2006): Rapport d'activité 2006.

Internetressourcen:

http://www.qualiflex.lu

http://www.legilux.public.lu

Länderreport Belgien/Flandern

Belgien zeichnet sich durch eine besondere verfassungsrechtliche Struktur aus, die sich in der Trennung Belgiens in zwei Gemeinschaften widerspiegelt. Dabei handelt es sich zum einen um die flämische Region im Norden Belgiens, zu der die Provinzen Ost- und Westflandern mit den Städten Gent und Brügge gehören, und um die wallonische Region im Süden mit Grenzen u.a. zu Frankreich und Luxemburg. Das Hauptunterscheidungsmerkmal der Regionen liegt in der Sprache: In der flämischen Region ist Niederländisch die Hauptsprache, während in der wallonischen Region Französisch gesprochen wird. Daneben gibt es eine sehr kleine deutschsprachige Gemeinschaft. Die räumliche Trennung in zwei Gebiete und die Ausbildung eigenständiger kultureller Sprachgemeinschaften spiegelt sich auch auf politischer Ebene wider, so dass für die verschiedenen Parteien sowohl französischsprachige als auch niederländischsprachige Abteilungen existieren, die sich jeweils nur an die eigene Sprachgemeinschaft wenden. In dieser Hinsicht kann nicht von „einer" belgischen Politik gesprochen werden kann. Im Folgenden wird ausschließlich auf die flämische Region Belgiens Bezug genommen.

1 Historischer Hintergrund und politische Trends

Während der letzten Jahre wurde die Kinderbetreuung in Flandern beträchtlich ausgeweitet. Zwischen 1999 und 2004 konnte die Flämische Regierung eine große Zunahme von Betreuungsangeboten speziell für Neugeborene und Kleinkinder erzielen. Während dieser Zeit stieg die Zahl der Plätze um mehr als 8500, was einem Zuwachs von 14 % entspricht.

Trotz des im europäischen Vergleich großen Betreuungsangebotes – auf 100 Kinder unter drei Jahren kamen 34,2 Betreuungsplätze im Jahr 2005 – hat Flandern einen Mangel an Betreuungsplätzen. Dabei fällt der Bedarf nach Kinderbetreuung von Gebiet zu Gebiet sehr unterschiedlich aus. Das EU-Ziel von 33 % an Betreuungsplätzen für Kinder unter drei Jahren ist sowohl für Belgien insgesamt als auch auf regionaler Ebene erreicht, jedoch werden in Flandern 5000 zusätzliche Betreuungsplätze für Kleinkinder benötigt. Einer der Gründe für die hohe Nachfrage nach Kinderbetreuung liegt in der hohen Erwerbsquote Flanderns bei sowohl Männern als auch Frauen. 72 % der Frauen mit mindestens einem Kind unter drei Jahren befinden sich in einem Beschäftigungsverhältnis. Für Frauen mit einem unter sechsjährigen Kind liegt dieser Wert sogar bei 76 % (2002).

Ein weiterer Grund für die hohe Nachfrage nach institutioneller Kinderbetreuung liegt darin, dass informelle Lösungen wie etwa Betreuung durch Großeltern oder andere Verwandte nicht für alle eine gangbare Alternative darstellen. Viele der „Großeltern" befinden sich selbst noch im Erwerbsleben oder leben nicht im nahen Umkreis der Kinder.

Ein letzter Grund dafür, dass der Bedarf an Betreuungsplätzen nicht gedeckt werden kann, ergibt sich aus der Einsicht, dass Eltern Betreuungslösungen für ihre Kinder nicht allein aus Gründen ihrer Erwerbstätigkeit benötigen, sondern auch in Phasen der Arbeitssuche, der Fortbildung oder der Ausbildung. Kinderbetreuung in dieser ausgeweiteten Lesart bedeutet konkret „Familienunterstützung". Analog dazu ist in Flandern gleichzeitig zu beobachten, dass von bestimmten gesellschaftlichen Gruppen institutionelle Kinderbetreuung weniger in Anspruch genommen wird. Dazu gehören ethnische Minderheiten, sozial schwache Familien und allein erziehende Eltern.

2 Strukturdaten Belgien/Flandern

Bruttoinlandsprodukt (BIP)	28 200 € p.c. (2006)* (Belgien gesamt)
Haushalte unter der Armutsgrenze	15 % (2007)**
Fertilitätsrate	1,6 (2006)
Anteil der Kinder von 0-12 an der Gesamtbevölkerung (2004)	12 %

Tabelle 1: Strukturdaten Belgien/Flandern

*Quelle: Eurostat; ** European Commission 2007.

3 Anbieter und Betreuungsformen

Der Kinderbetreuungssektor deckt in Flandern die Zeit von der Geburt bis zum Alter von 2,5 Jahren ab. Die Hauptbetreuungsformen sind hierbei die familiäre Tagesbetreuung und staatlich unterstützte Kindertageseinrichtungen (*kinderdagverblijf*). Beide Betreuungsformen haben bis zu 11 Stunden täglich (an Wochentagen) geöffnet. Wenn nicht in öffentlicher Trägerschaft, können beide Angebote auch durch private Anbieter erbracht werden. Ein Rechtsanspruch auf einen

Betreuungsplatz im Kinderbetreuungssektor besteht nicht. 42 % der 1- bis 2-Jährigen und 32 % der 2- bis 3-Jährigen befinden sich in einer der registrierten (öffentlichen) Formen der Tagesbetreuung. 35,2 % der 0- bis 3-Jährigen befinden sich ausschließlich in Betreuung ihrer Eltern oder eines der Elternteile.

Ab dem Alter von 2,5 bis zum Alter von 6 Jahren besuchen Kinder eine Form der öffentlichen Vorschule (*kleuterschool*), die 7-8 Stunden täglich geöffnet ist (von ca. 8:30 Uhr bis 16:30 Uhr). Für diese vorschulische Ausbildung bzw. Betreuung wird allen Kindern ein kostenfreier Vollzeit-Platz zur Verfügung gestellt. Die Bedarfsdeckung liegt hier bei nahezu 100 %. Die belgische *kleuterschool* steht in einer bereits 50-Jährigen Tradition, die mit der der französischen *école maternelle* vergleichbar ist. In den Neunzigerjahren wurde der erzieherische Auftrag der Vorschule modifiziert durch einen erfahrungsbasierten Ansatz, der einen besonderen Fokus auf das Wohlergehen und die individuellen Bedürfnisse und Lernantriebe des Kindes legt.

	Anzahl Kinder	**%**
Kinderbetreuung (0-3)	**78 597**	**54 %**
Subventionierte Einrichtung	18 867	13 %
Familiäre Tagesbetreuung	32 364	22 %
Private Formen	27 366	19 %
Nachmittagsbetreuung (Out of school hours 2,5-12)	**65 807**	**46 %**
Initiativen	50 347	35 %
Subventionierte Einrichtung	2 638	2 %
Familiäre Tagesbetreuung	7 328	5 %
Private Formen	5 494	4 %
Total 0-12	**144 404**	**100 %**

Tabelle 2: Anzahl von Kindern in unterschiedlichen Betreuungsformen

Quelle: Integrated and Flexible Services in Early Childhood Education. 2007, S. 13.

Der Transport zu Kindertageseinrichtungen und nach Hause obliegt den Eltern. In Einrichtungen der Nachmittagsbetreuung für Schulkinder liegt der Transport von der Schule zur Betreuungseinrichtung in der Verantwortung der Betreuer. Schulkinderbetreuung bezieht sich auf die Zeit ab 7 Uhr morgens (vor der Schule) bis 18 Uhr abends (nach der Schule). Allgemeine Schulpflicht besteht mit Beginn der Grundschule ab 6 Jahren.

Kinderbetreuung und Schulkinderbetreuung liegen in der Verantwortung von *Kind en Gezin*[11], einer flämischen Regierungsorganisation, die dem Ministerium für Soziales, Familie und Chancengleichheit unterstellt ist. *Kind en Gezin* beaufsichtigt die Einhaltung und Umsetzung von Vorgaben und Policies sowie das Angebot an Betreuungsplätzen und die Finanzierung der Leistungen. Zusätzlich ist *Kind en Gezin* in Zusammenarbeit mit den Anbietern für die Festlegung landesweiter Qualitätsstandards zuständig. Sowohl Kindertagesbetreuung als auch frühkindliche Bildung im Vorschulsektor sind durch eine Mischung öffentlicher und privater Non-Profit-Anbieter charakterisiert, die von der flämischen Regierung finanziell bezuschusst werden. Die Kindertageseinrichtungen werden von den örtlichen Verwaltungen bzw. Organisationen betrieben.

4 Finanzierung

Sowohl öffentliche als auch privat anerkannte Kindertageseinrichtungen finanzieren sich hauptsächlich aus öffentlichen Fördermitteln und einkommensabhängigen Elternbeiträgen, die sich zudem nach der Dauer der Anwesenheit des Kindes in der Einrichtung ausrichten (limitiert auf 11,20 € pro Tag und Kind). Ohne die Kopplung an das elterliche Einkommen würden einige Gruppen noch wesentlich stärker von einer Inanspruchnahme von Kinderbetreuung ausgeschlossen. Der ermittelte Stundensatz ist gleich bleibend von 6 Uhr morgens bis 21 Uhr abends, es besteht also kein Unterschied zwischen besonders frühen oder späten Zeiten und den regulären Betreuungszeiten (für die Fälle flexibler Betreuung zu atypischen Zeiten s.u.). Je nach Träger kann es vorkommen, dass Eltern zusätzlich für Mahlzeiten bezahlen müssen. Außerhalb der genannten Stunden gibt es keine öffentliche Unterstützung und auch keine geltende Kostenregelung.

Gänzlich unabhängige Anbieter erhalten keine Voll-Förderung. Ebenso sind im privaten Sektor die Beiträge nicht an das Einkommen gebunden. Die gesamten Kosten werden auf die Eltern umgelegt. Seit 2001 erhalten kleinere unabhängige Kindertageseinrichtungen eine jährliche finanzielle Unterstützung umgerechnet auf die Zahl der angebotenen Plätze, um Qualität und Management dieser Einrichtungen zu unterstützen. Eltern können die von ihnen gezahlten Beiträ-

[11] http://www.kindengezin.be/. „Kind en gezin“ bedeutet übersetzt „Kind und Familie“

ge an staatlich geförderte Einrichtungen steuerlich geltend machen und so nachträglich eine finanzielle Entlastung erhalten.

Eine zusätzliche finanzielle Förderung von der Regierung erhalten auch Kindertageseinrichtungen, die Kinder mit Behinderungen integrieren. Die meisten Angebote dieser Art finden sich jedoch direkt in den Einrichtungen und Schulen für behinderte Kinder, eine Integration in reguläre Gruppen ist trotz der Bestrebung, diese Situation zu ändern, noch die Ausnahme.

5 Personalqualifikation

In den öffentlichen und subventionierten Betreuungseinrichtungen werden hauptsächlich vollausgebildete, qualifizierte Betreuer/inne/n beschäftigt *(kinderverzorgsters)*. Vorschulen (*kleuterschool*) beschäftigen Erzieher/innen (*kleuteronderwijzers*), deren Status dem von Grundschullehrer/inne/n oder Gymnasiallehrer/inne/n gleichgestellt ist. Belgien ist eines der wenigen Länder Europas, in dem diese Gleichstellung auch konsequent in der Entlohnung berücksichtigt wird. Von der Leitung der Einrichtungen sind Qualifikationen vorzuweisen, die sie zur Leitungsaufgabe befähigen. Die Qualifikationsvoraussetzungen für Erzieher/innen in Kindertageseinrichtungen des privaten Sektors sind wesentlich niedriger. In der Schulkinderbetreuung besitzt etwa ein Drittel der Angestellten einen qualifizierten Abschluss.
Tageseltern, die innerhalb der Tagespflege tätig sind, werden durch Bewerbungsgespräche ausgewählt und müssen – falls sie noch keine entsprechende Qualifikation besitzen – während ihrer Tätigkeit ein Berufstraining durchlaufen, jedoch keinen Abschluss ähnlich dem qualifizierter Erzieher/innen erbringen.

6 Integrierte und flexible Angebote

6.1 Politische Strategie

Das Ziel der flämischen Regierung ist es, die Zahl der Betreuungsplätze für Kinder unter drei Jahren zwischen 2004 und 2009 um weitere 5000 Plätze aufzustocken. Im Laufe der nächsten Jahre wird angestrebt, Kinderbetreuungseinrichtungen so zu organisieren, dass

- Eltern und Kinder sicher sein können, dass jede Kindertageseinrichtung qualitativ verlässliche Voraussetzungen für das Kind bietet. Damit geht einher, dass alle Einrichtungen denselben transparenten Konditionen bei der Gestaltung ihres Angebotes folgen;

- das Angebot der Kinderbetreuung seine ökonomische, soziale und pädagogische Funktion erfüllen kann. Damit zusammen hängt zum einen die Anpassung an lokale Bedarfe (sowohl zeitlich als auch örtlich), zum anderen die Finanzierbarkeit für die Eltern und die flächendeckende Versorgung mit geeigneten Angeboten.

Gerade mit Blick auf die steigende Nachfrage nach Betreuungsmöglichkeiten zu atypischen Zeiten ist es dabei auch ein Ziel, ein Platzangebot zu schaffen, das den erweiterten zeitlichen Bedarfen des Arbeitsmarkts gerecht wird. Ein entsprechender Beschluss wurde im Jahr 2006 von der flämischen Regierung getroffen.

6.2 Organisation der Kooperation

Um eine transparente Vorgehensweise zu gewährleisten, arbeitet die flämische Regierung an der Etablierung eines Zentrums für Kinderbetreuung (*Centrum voor Kinderopvang* CKO). Durch dieses Zentrum können lizenzierte Kindertageseinrichtungen sowohl lokal als auch regional miteinander kooperieren. Momentan findet die Kooperation zwischen verschiedenen Anbietern nur in Form einiger lokaler Initiativen ohne strukturellen Hintergrund statt. Dasselbe gilt für den Übergang vom Kindergarten in die Schule.

Die neuen CKO-Richtlinien regen weitere Kooperationen jedoch ausdrücklich an und nennen sie als Voraussetzung für eine volle finanzielle Unterstützung durch den Staat. Darüber hinaus sollen bei der Entscheidung für die Förderung einer Einrichtung die Empfehlungen des lokalen Beratungsgremiums für Kinderbetreuung berücksichtigt werden. Dabei handelt es sich um eine obligatorische kommunale Plattform mit Vertretern aller in der Kinderbetreuung involvierten Akteure (Schulen, Kindertageseinrichtungen, Eltern, Jugendarbeit etc.), die Anregungen zur Entwicklung der lokalen Betreuungsangebote geben.

Die Politik, die hinter den neuen kooperativen Arrangements steht, fokussiert vornehmlich auf die bessere Integration von Kindern aus sozial benachteiligten Familien in Kindertageseinrichtungen. Im Zuge dessen wird angeregt, verschiedene Formen der Kinderbetreuung (Nachmittagsbetreuung, Kinderbetreuung und Tagespflege) zu bündeln, um besonders auch flexible Bedarfe zu berücksichtigen. Zwar gibt es im Sektor der privaten Anbieter bereits ein Angebot verschiedener flexibler Betreuungsformen; die höheren Kosten erlauben es jedoch nicht jedem, diese Angebote wahrzunehmen. In solch einem erweiterten Modell ist flexible Kinderbetreuung jedoch nur ein Aspekt unter verschiedenen weiteren, die zur Umsetzung denkbar sind. Zusätzlich würde kurzfristige Betreuung in Notfällen oder für Kinder mit Behinderungen ebenso eine zentrale Rolle spielen, wie die Entwicklung spezieller Angebote für sozial benachteiligte Gruppen zur Erziehungs- und Bildungsunterstützung.

Um Angebote mit den örtlichen Bedarfen und Anbietern abzustimmen, werden lokale Projekte zur „sozialen und bildungsbezogenen Betreuung“ entwickelt, die sich aus Informationen der örtlichen Behörden ebenso speisen wie aus dem lokalen Beratungsforum für Kinderbetreuung sowie den Beiträgen und Wünschen von Eltern. Seit Anfang 2007 soll in verschiedenen Pilotprojekten gezeigt werden, wie dieses generelle Prinzip gehandhabt und umsetzbar gestaltet werden kann. Basierend auf der Evaluation dieser Projekte und ihrer praktischen Herausforderungen sollen schließlich neue gesetzliche Verordnungen erlassen werden.

6.3 Flexibilität

Der Begriff „flexible Kinderbetreuung“ kann auf verschiedenen Ebenen diskutiert werden. Zum einen kann es die Zeiten betreffen, zu denen die Kinder eine Betreuungseinrichtung besuchen können (früher Morgen, später Abend, Nacht). Eine gewisse Gruppe von Eltern hat einen Bedarf nach dieser Betreuungsform. Trotz mancher Bedenken werden Betreuungszeiten, die früh am Morgen oder spät am Abend liegen, zu einer immer mehr akzeptierten Tatsache. Dagegen haben sich Wochenend- und Nachtbetreuung weniger durchgesetzt.

Zum anderen kann Flexibilität als gelegentliche Betreuung verstanden werden (bspw. besteht ein akuter Bedarf für 4 Wochen, der sich zwei Monate später wiederholt – in der Zwischenzeit ist das Kind nicht in der Einrichtung). Drittens kann Flexibilität auch in Begriffen der Dringlichkeit gesehen werden, als Notfallbetreuung (etwa im Fall von Wartelisten, wenn Betreuung dennoch sofort erforderlich ist). In Flandern wenden sich nur sehr wenige Betreuungseinrichtungen diesen zwei Problemstellungen mit einem konkreten Angebot zu. Besonders für sozial benachteiligte Gruppen sind diese Betreuungsformen jedoch wichtig. Diese Problematik wurde erkannt, weshalb die Organisation von unterschiedlichsten Formen flexibler Kinderbetreuung genehmigt wurde – von ihr gefördert wird allerdings nur die Betreuung zu Morgen- und Abendzeiten an Wochentagen, die die regulären Öffnungszeiten bis zu einem gewissen Maß übersteigen. Dementsprechend sind die Einrichtungen in den bestehenden Strukturen nicht dazu verpflichtet, flexible Betreuung anzubieten. Obwohl das neue Konzept des *Centrum voor Kinderopvang* die Bereitstellung flexibler Betreuungszeiten anregt, ist es zur Zeit (2008) den einzelnen Einrichtungen überlassen, wie sie auf diese Anregung reagieren.

Generell bieten sowohl Kindertageseinrichtungen als auch die Kindertagespflege eine tägliche Betreuung im Umfang von 11 Stunden über das ganze Jahr hinweg an. Die reguläre Öffnungszeit erstreckt sich zumeist von 7:00-18:00 Uhr, wobei jedoch auch dies relativ stark innerhalb Flanderns variieren kann. Es ist in dieser Hinsicht wichtig, zwischen den anerkannten staatlich geförderten und den privaten Einrichtungen zu unterscheiden.

Flexible Kinderbetreuung innerhalb der öffentlich geförderten Einrichtungen bezieht sich auf alle Betreuungszeiten vor 7:00 Uhr morgens und nach 19:00 Uhr abends, also die Zeiten, die die reguläre Öffnungszeit überschreiten. Finanziell unterstützt werden dabei allerdings nur zeitliche Ausweitungen ab 6:00 Uhr morgens bzw. bis 21:00 Uhr abends. Die Eltern kommen für die zusätzlich in Anspruch genommenen Stunden nach demselben Modell auf wie zu den regulären Betreuungszeiten, d.h. die Anwesenheit des Kindes wird stundenweise ermittelt und für diese Stunden wird anhand des Einkommens der Eltern ein Beitragssatz errechnet. Der Stundensatz für die Betreuung zu den atypischen Zeiten erhöht sich im Vergleich zu den regulären Zeiten also nicht.

Der Bedarf oder die Notwendigkeit von Betreuung vor 6 Uhr morgens und nach 21 Uhr abends wird dagegen von der Regierung nicht im Sinne geförderter Maßnahmen anerkannt. Damit steht es den öffentlich geförderten Betreuungseinrichtungen (sowohl für den Altersbereich 0-3 als auch 3-12 Jahre) sowie der Familientagesbetreuung zwar frei, Betreuung auch außerhalb der genannten Zeiten, an Wochenenden oder nachts anzubieten, allerdings erhalten sie für diese Angebote keinerlei weitere Förderung.

Im privaten Sektor hingegen finden sich alle Formen von Kinderbetreuung – darunter auch an Abenden, nachts und an Wochenenden. Es ist allerdings schwierig, das exakte Angebot solcher flexibler Zeiten im privaten Sektor zu ermitteln. Dies kann damit zusammenhängen, dass eine genaue Erhebung des Bedarfs bei der Einrichtung flexibler Betreuungsplätze allgemein nicht vorausgesetzt wird. Man kann zwar annehmen, dass bestimmte Regionen oder Stadtgebiete einen größeren Bedarf an flexibler Kinderbetreuung haben (z.B. im Umkreis von Krankenhäusern oder produzierendem Gewerbe mit Schichtarbeitszeiten), die Erfahrung zeigt jedoch, dass die Ergebnisse von Befragungen nach dem Betreuungsbedarf nicht immer die wirkliche Praxis spiegeln. Die Angaben beziehen sich bisweilen eher auf einen vermuteten Bedarf als auf einen real vorliegenden Eigenbedarf.

Für die Anwesenheit eines Kindes in einer Einrichtung gibt es weder eine Minimal- noch eine Maximalbeschränkung. Dies gilt sowohl für die institutionelle Betreuung in Einrichtungen wie auch für die familiäre Betreuung. Um jedoch das Kind nicht unnötig zu belasten, wird versucht, extrem lange Anwesenheiten zu vermeiden.

Bisher gibt es in Flandern keine Studien zu den Auswirkungen flexibler Kinderbetreuung auf das Wohlbefinden des Kindes. Die einzige Untersuchung in kleinem Maßstab wurde von der Universität Hasselt durchgeführt. Dabei ging es um eine Zwischenevaluation des Projektes „Flexible Kinderbetreuung" in der Provinz Limburg. Unter anderem zielte die Studie darauf ab, heraus zu finden, ob die besonders frühe oder späte Betreuung sich erkennbar auf die Empfindungen wie Freude und Wohlbefinden des Kindes auswirken. Bisher konnten diesbezüglich keine negativen Effekte festgestellt werden.

6.4 Interne Organisation

Abgesehen von den rechtlichen Rahmenbedingungen für die Beschränkung der an einem Tag in Folge geleisteten Arbeitsstunden gibt es keine klaren Vorgaben für die zeitliche Gestaltung der Arbeitsverhältnisse. Angestellte in der Tagespflege haben keine festen Arbeitszeiten. Sie entscheiden zusammen mit den Eltern darüber, wann sie ihre Dienste anbieten. Einige von ihnen arbeiten in ihrer Freizeit, andere beispielsweise während der Ferien. Kindertagesbetreuer/innen werden nur für die Zeiten bezahlt, in denen sie Kinder betreuen. In einigen Einrichtungen arbeiten Angestellte zu verschiedenen Zeiten eines Tages (bspw. morgens und abends).

Da die Betreuung in den meisten Fällen an der regulären Anmeldung der Kinder ausgerichtet ist, kann es vorkommen, dass für kurzfristige flexible Bedarfe außerhalb der regulären Zeiten kein Personal vorgesehen ist und in diesem Fall die flexible Betreuung nicht verfügbar ist. Daher verfahren einige Einrichtungen in der Weise, immer auch Personal für die Ausweitungszeiten (6:00-21:00 Uhr) vorzusehen und einzusetzen, selbst wenn keine Kinder direkt für diese Stunden angemeldet sind. Die Erfahrung zeigt, dass besonderes Augenmerk auf Absprachen und gegenseitige Information gelegt werden muss, wenn sowohl die reguläre als auch flexible Betreuung im Verlaufe eines Tages von verschiedenen Mitarbeiter/inne/n geteilt wird.

6.5 Qualität und pädagogische Ansätze

Eine einheitliche Linie im Umgang oder in der Kommunikation mit Eltern im Hinblick auf flexible Zeitstrukturen existiert nicht. Jede Einrichtung entwickelt eigene Vorgehensweisen, die sich aus dem Zusammenspiel von Betreuung und

Elternkontakt ergeben. Jedoch ist es für jede Einrichtung erforderlich, in ihrem Qualitätskonzept die Art und Weise zu dokumentieren, in der die Kommunikation mit den Eltern stattfindet.

Ob auch Kinder nicht erwerbstätiger Eltern Angebote der Kinderbetreuung nutzen oder nutzen sollten, bleibt oftmals eine gefühlsbeladene Frage. Einige Einrichtungen entscheiden sich bewusst unter Aspekten der sozialen und pädagogischen Entwicklung dafür, Kinder aus nicht erwerbstätigen Haushalten aufzunehmen und so erzieherische und bildungsbezogene Unterstützung zu leisten. Diese Praxis stößt nicht auf ungeteilte Zustimmung. In diesem Diskussionskontext ist zu beobachten, dass die Förderpolitik der Regierung denjenigen Anbietern flexibler Betreuung Priorität einräumt, deren Angebot sich auf Kinder sozial benachteiligter Gruppen konzentrieren. In dieser Zielgruppe herrscht nachweislich ein hoher Bedarf an flexiblen Lösungen vor, dem mit dieser Politik Rechnung getragen werden soll.

Es gibt keine verbindliche Richtlinie für eine minimale Anwesenheit eines Kindes in einer Einrichtung zur Entwicklung eines Vertrauensverhältnisses zwischen Kind und Betreuungspersonal. Der Umgang mit diesem Punkt ist den Einrichtungen selbst überlassen, muss jedoch – ähnlich wie andere Aspekte in der operativen und formalen Ausgestaltung des Betreuungs- und Kontaktverhältnisses – im Qualitätskonzept der Einrichtung dokumentiert werden. In den meisten Fällen wird eine Untergrenze für die Anwesenheit (in Tagen pro Woche) für Kinder zwischen 0-3 Jahren festgelegt. Kinder zwischen 3-12 Jahren sind daran nicht gebunden.

Ein genereller, allgemein verbindlicher pädagogischer Ansatz liegt bei der flexiblen Kinderbetreuung nicht vor. In einer Verordnung ist jedoch festgelegt, dass die pädagogischen Prinzipien im Einklang mit den Aktivitäten im Ganzen stehen und sich ergänzen sollen. Jede Einrichtung hat ihre Arbeitsweisen in eine4 pädagogischen Konzeption offen zu legen. Mit Einführung der flexiblen Betreuungsangebote können insgesamt jedoch Schwierigkeiten entstehen, die erst im Verlaufe des Prozesses genauer erkannt und an der jeweiligen Situation orientiert angegangen werden (etwa bei der Gestaltung von Aktivitäten in kleinen altersgemischten Gruppen).

Sowohl in Fragen der pädagogischen Gestaltung als auch der Qualität gehen richtungsweisende Impulse von dem Forschungszentrum VBJK aus, einem 1986 aus einer Zusammenarbeit von verschiedenen flämischen Universitäten hervorgegangenen Forschungs- und Fortbildungszentrum für frühkindliche Bildung und Betreuung. Mit seinem Auftrag, pädagogische Innovation und Qualitätsstandards im Kinderbetreuungssektor zu fördern, hat das Zentrum seitdem nachhaltig auf die Aufwertung der Kinderbetreuung als Profession als auch auf die Verbesserung der Qualität im Betreuungssektor eingewirkt. Im Verlauf einiger Jahre wurden die dabei zunächst verwendeten Skalenmessmethoden und -modelle im Jahr 2004 durch ein partizipatives Qualitätssystem ersetzt. Damit soll dem Effekt entgegengewirkt werden, Qualität als dekontextualisierte Größe in einem top-down-Verfahren festzulegen. Stattdessen sollen spezifische Betreuungssituationen in ihrem Kontext erfasst werden und Qualität als kontinuierliche Konstruktionsleistung von Eltern, Mitarbeiter/inne/n, Leitung und Kindern begriffen werden. Eine zentrale Rolle nimmt dabei die in die Vorschulpädagogik eingeflochtene Perspektive auf das Wohlergehen des Kindes ein.

Hinsichtlich der dabei den Rahmen bildenden Infrastruktur sollte unterschieden werden zwischen der eigentlichen Kinderbetreuung (0-3 Jahre) und der Schulkinder- oder Nachmittagsbetreuung. In der Kinderbetreuung sind die entsprechenden Erfordernisse (z.B. Schlafplätze, Küche) bereits durch die reguläre Ausstattung erfüllt. In der Nachmittagsbetreuung sind mit Blick auf die verlängerte Betreuung im Rahmen flexibler Angebote eventuell zusätzliche Ressourcen notwendig.

Hinsichtlich unternehmensbezogener Ansätze konnte in Verhandlungen zwischen Gewerkschaften und Arbeitgebern die Bereitstellung von Geldern für die Investition in anerkannte Einrichtungen der Nachmittagsbetreuung erreicht werden. Einige große Unternehmen und Institutionen betreiben zudem eigene Betreuungseinrichtungen (bspw. Universitäten, Krankenhäuser oder das Flämische Fernsehen) oder ermöglichen Telearbeit statt einer arbeitsplatzgebundenen Tätigkeit. Diese Möglichkeit besteht jedoch zumeist nur für höhere Angestellte und auch nur in bestimmten Funktionen oder Tätigkeiten.

7 Praxisbeispiel

Bei dem Projekt *OkiDO-mobiel*, das als Pilotprojekt im Rahmen der CKO-Initiative gestartet wurde, handelt es sich um eine Kindertagesstätte in einem sozial benachteiligten Viertel im Norden von Antwerpen.[12] Die Einrichtung bietet sowohl 20 Betreuungsplätze am Standort selbst als auch weitere Plätze für Kinder von Eltern, die sich in Bildungsmaßnahmen befinden. Diese Betreuung wird am Ort der Fort- oder Ausbildung angeboten. Der Schwerpunkt der Initiative liegt auf der flexiblen Betreuung von Kindern zwischen 0-3 Jahren. Insbesondere soll Eltern aus sozialen Problemlagen, in Umschulungs- oder Fortbildungsmaßnahmen die Möglichkeit einer niederschwelligen, bedarfsgerechten Betreuung geboten werden.

[12] http://www.landelijkekinderopvang.be/Default.aspx?tabid=2738

Im Jahr 2006 wurde 120 Kindern eine Betreuung im Rahmen des Projektes ermöglicht. 75 % von ihnen waren Angehörige ethnischer Minderheiten in Belgien. Durch die möglichst frühe Betreuung in einer Kindertageseinrichtung wird ihnen der Übergang in die Vorschulphase mit 2,5 Jahren erleichtert. Für die Eltern bieten die Betreuungseinrichtungen einen Treffpunkt, an dem sie zu allen relevanten Thematiken Informationen und Hilfe erhalten können. Aus diesem Grunde ist insbesondere die Integration von Kinderbetreuung und weiteren sozialen Angeboten anzustreben, wie sie auch das Antwerpener Projekt verfolgt.

OkiDO-mobiel wird von einer Steuergruppe mit Vertretern aus sechs Organisationen geleitet. Sie sind zugleich Initiatoren und Betreiber des Projektes:

- Der Kinderbetreuungsanbieter *Stekelbees* bringt das nötige fachliche Wissen und die personellen Ressourcen für die Organisation flexibler und hochqualitativer Betreuung für Kinder ein.
- Der Kinderbetreuungsdienst der Stadt Antwerpen *Lerende Stad* stellt die Räumlichkeiten zur Verfügung und bildet eine Brücke zu verschiedenen öffentlichen Betreuungseinrichtungen.
- *Werk en Economie vzw*, das Arbeitsamt der Stadt Antwerpen, strebt mit der Kooperation an, dass arbeitslose Eltern an qualifizierenden Maßnahmen teilnehmen können.
- Das Wohlfahrtszentrum *OCMW Antwerpen* zeichnet für die Renovierung und Säuberung des Gebäudes verantwortlich wie auch für den Kontakt zu den Eltern, die durch das Projekt angesprochen werden sollen.
- Die lokale Organisation für soziale Entwicklung *Samenlevingsopbouw Antwerpen Noord* spielt eine wichtige Rolle in der Bekanntmachung des Projektes vor allem bei ortsanssäsigen Familien und Organisationen und in der Entwicklung eines Ansatzes zur Elternbeteiligung.
- Die lokale familienunterstützende Organisation *Inloopteam Samik* hat Erfahrung in der Arbeit mit Familien und in der Organisation von individueller und gruppenbezogener Arbeit mit Eltern.

8 Zusammenfassung und Ausblick

Obwohl Flandern bei der Zahl der angebotenen Betreuungsplätze für Kinder unter drei Jahren formal eine gute Position im europäischen Vergleich einnimmt, liegt der Fokus weiterhin zu sehr auf den Ansprüchen durchschnittlicher Familien mit zwei erwerbstätigen Eltern, die einer klassischen Tagesarbeitszeit folgen. Dagegen ist jedoch aufgrund der veränderten ökonomischen und sozialen Situation vieler Eltern während der letzten Jahre die Nachfrage nach flexiblen

Betreuungsformen in Flandern deutlich gestiegen – nicht jedoch allein von Seiten berufstätiger Eltern, sondern auch von Seiten nicht berufstätiger Eltern. Bisher stellen sich die Einrichtungen auf diese Ansprüche nur langsam ein.

Während Flandern mit den bestehenden Strukturen bereits ein breit gefächertes Angebot an verschiedenen Betreuungsformen im Kinderbetreuungssektor aufweisen kann, existieren dennoch keine klaren Regeln hinsichtlich der Platzvergabe bzw. des Platzanspruchs für unter 3-Jährige. Besonders bei sozial benachteiligten Eltern erzeugt diese Praxis Unsicherheit. Diesen Tatsachen soll durch eine verstärkt betriebene Politik der Inklusion entgegengewirkt werden. Ein besonderer Fokus wird dabei auf die Diversität innerhalb der Kindertageseinrichtung gelegt, auf hohe pädagogische Standards vor allem auf die Eingliederung aller Familien mit Betreuungsbedarf in den Sektor.

Dabei gilt es auch, integrierte Dienstleistungen im Sinne einer Vernetzung und Bündelung von Anbietern voranzutreiben. Integrierte Angebote können zur Verwirklichung verschiedener Ziele beitragen: Sie können positiv auf das Bildungsniveau von Kindern einwirken, Kinderarmut und sozialer Exklusion vorbeugen, eine kontinuierliche Gesundheitsversorgung sicherstellen und den Kindern allgemein gleiche Chancen einräumen. Daneben können integrierte Angebote zu einem generellen Qualitätszuwachs öffentlicher Betreuungsangebote beitragen.

Derartige Angebote zählen in Flandern noch nicht zum Alltag. Für den weiteren Ausbau von Kooperationen und den Aufbau integrierter Angebote ist Zeit und vor allem finanzielle Unterstützung notwendig. Obwohl Integration in einem großen Maße in lokalen Kontexten geschieht, ist die Integration der politischen Ebene und die Ausarbeitung einer gemeinsamen Leitlinie unbedingt notwendig. Die von *Kind & Gezin* unterstützten Projekte zur Vernetzung lokaler Anbieter stellen einen ersten Schritt in diese Richtung dar, dem weitere Maßnahmen zur Zusammenarbeit insbesondere mit der Tagespflege zukünftig folgen.

9 Literatur

European Commission (2007): Joint Report on Social Protection and Social Cohesion

Kind & Gezin (2006): Year Report 2006

OECD (2006): Starting Strong II: Early Childhood Education and Care

Peeters, J. (2005): Childcare in Flanders: the Essential Reversal towards Professionalisation and Sustainability. VBJK Ghent University

Integrated and Flexible Services in Early Childhood Education. An International Report. Europe 2007

Länderreport Deutschland

1 Historischer Hintergrund und politische Trends

Seit Friedrich Fröbel 1837 seine erste „Anstalt für Kleinkinderpflege" gründete, haben sich die Funktionen von Tageseinrichtungen für Kinder immer wieder gewandelt und im Ergebnis erheblich erweitert. Marksteine dieser historischen Entwicklung in den letzten Jahrzehnten waren etwa

- die neue Funktionsbestimmung des Kindergartens als Elementarstufe des Bildungssystems und die insgesamt stärkere Betonung der öffentlichen Verantwortung im Zuge der Bildungsdebatte der 70er-Jahre;
- die verstärkte Einsicht in die Bedeutung der Kindertagesbetreuung für frauenpolitische Zielsetzungen im Verlauf der 80er-Jahre;
- die Folgen der deutschen Vereinigung, die für die westlichen Bundesländer und die Bundespolitik eine Herausforderung durch die von den Eltern sehr geschätzte Tradition der flächendeckenden Betreuung von Krippen-, Vorschul- und Schulkindern in Ostdeutschland bedeuteten;
- die Umsetzung des Rechtsanspruchs auf einen Kindergartenplatz für Drei- bis Sechsjährige in den 90er-Jahren;
- die steigende Frauenerwerbstätigkeit, die einen erhöhten Bedarf an Betreuungsplätzen für unterschiedliche Altersgruppen und mit unterschiedlichen Zeitstrukturen mit sich bringt;
- die Diskussion um die Erweiterung von Kinderbetreuungsmöglichkeiten, um auf diese Weise Familien die Entscheidung für Kinder zu erleichtern und der negativen demographischen Entwicklung gegenzusteuern.

Besonders die generelle Erweiterung der Betreuungsmöglichkeiten und die flexible Anpassung der Zeitstrukturen an unterschiedliche Bedarfssituationen beherrschen aktuell die Diskussion und weisen auf politische Trends in der Entwicklung des Betreuungssektors hin.

2 Strukturdaten Deutschland

Bruttoinlandsprodukt (BIP)	26 900 € p.c. (2006)[1]
Haushalte unter der Armutsgrenze (in %)[2]	13,5 % (2003)[3]
Fruchtbarkeitsrate	1,4 (2004)[4]
Anteil der Kinder zwischen 0-12 Jahren an der Gesamtbevölkerung (in %)	14,4 % (2004)[5]

Tabelle 1: Strukturdaten Deutschland

[1] Quelle: Eurostat; [2] 60 % des durchschnittlichen Nettoeinkommens nach EU-Standard; [3] / Quelle: Armuts- und Reichtumsbericht der Bundesregierung (www.bmas.bund.de); [4] / Quelle: Statistisches Bundesamt; [5] Prozentsatz der Kinder zwischen 0-15 Jahren; aufgrund gesetzlicher Regelungen in Deutschland unterscheiden Statistiken einerseits zwischen Null- bis unter Sechsjährigen (4 435 000 von insgesamt 82 500 800 bzw. 5,38 %) und 6 bis unter 15-Jährigen (7 489 500 bzw. 9,08 %); / Quelle: Statistisches Bundesamt.

3 Anbieter und Betreuungsformen

Die Kinderbetreuung ist gesetzlich durch das Kinder- und Jugendhilfegesetz (KJHG) geregelt. Die Verantwortung für die Implementierung liegt bei den einzelnen Bundesländern. Auf kommunaler und lokaler Ebene sind die Jugendämter mit der Verwaltung der Betreuungsangebote betraut. Auf Einrichtungsebene schließlich gibt es eine Anzahl verschiedener Akteure, die Kinderbetreuung anbieten. Diese Gleichzeitigkeit verschiedener Anbieter ist ebenfalls gesetzlich geregelt (vgl. § 3 KJHG). Als Bestandteil der Jugendhilfe wird Kinderbetreuung in institutioneller Form sowohl von öffentlichen als auch von freien Trägern angeboten. Dazu zählen insbesondere Kirchen, Wohltätigkeitsorganisationen und Wohlfahrtsverbände wie die Caritas, die Diakonie, die AWO und das Deutsche Rote Kreuz (Vogelsberger 2002). Diese nicht-staatlichen unabhängigen Anbieter stellen etwa zwei Drittel (60,6 %) der Kindergartenplätze und beinahe die Hälfte der Betreuungsplätze für Kinder unter drei Jahren (1998, Westdeutschland). Im Vergleich wurden in den östlichen Bundesländern zwei Drittel der Betreuungsplätze sowohl für unter 3-Jährige als auch für Kindergartenkinder (3-6) vom öffentlichen Sektor gestellt. Diese Ost-West-Diskrepanz ist auf die frühere Teilung Deutschlands zurückzuführen. Die Kooperation bzw. die gleichzeitige Anwesenheit öffentlicher und freier Anbieter im Kinderbetreuungssektor ist im KJHG durch das Subsidiaritätsprinzip geregelt, das den Einrichtungen freier Träger einen Handlungsvorrang gegenüber öffentlichen Eingriffen einräumt. Zusätzlich zu den öffentlichen und freien Trägern gibt es drei weitere Arten von Anbietern, die jedoch eine eher marginale Rolle spielen: Elterninitiativen, eine unternehmensintern durch den Arbeitgeber aufgestellte Betreuung und einige wenige private, kommerzielle Anbieter.

Der Kinderbetreuungssektor deckt in Deutschland die Altersspanne von 1-6 ab. Der Kindergarten ist Teil dieses Sektors und richtet sich an Kinder zwischen 3-6 Jahren. Für Kinder dieses Alters besteht ein Rechtsanspruch auf einen Platz in einem Kindergarten, unabhängig davon, ob die Eltern erwerbstätig sind oder nicht. Dabei bleibt der Besuch eines Kindergartens freiwillig und hängt von der Entscheidung der Eltern ab. Eine verpflichtende Vorschulzeit oder ein für alle verbindliches Vorschuljahr gibt es in Deutschland nicht. Die Gestaltung des Übergangs zwischen Kindergarten und Schule liegt ebenfalls im Verantwortungsbereich der Länder und Kommunen. In NRW wird durch verschiedene Veranstaltungen ein Informationsangebot für Eltern geschaffen, das sie u.a. über den Lernstand ihres Kindes auf der Schwelle zum Schuleintritt informiert. Schulpflicht besteht in Deutschland für alle Kinder von 6-18 Jahren. Wenigstens neun Jahre dieser Periode entfallen auf den Besuch der Grund- und einer weiterführenden Schule (4 Jahre Grundschule, 5-6 Jahre Hauptschule bzw. Realschule, 9 Jahre bei Besuch eines Gymnasiums), drei weitere Jahre auf den Besuch einer beruflich bildenden Schule.

Mit Blick auf die Betreuung von Schulkindern gibt es in Deutschland einige speziell dafür ausgelegte Ganztagsschulen, die jedoch eher die Ausnahme bilden. Im regulären Schulalltag findet sich dagegen häufig eine Mischung verschiedener Betreuungsformen. Während der Morgenstunden haben die Schüler normalen Pflichtunterricht. In einigen Schulen besteht daraufhin die Möglichkeit, auch am Nachmittag in der Schule zu bleiben. Die Vormittage liegen in der Verantwortung des Schulsektors, wogegen die Nachmittage mit den angebotenen Aktivitäten (Mittagessen, Hausaufgabenhilfe, Arbeitsgruppen, Spiel) in den Bereich der Jugendhilfe fallen.

Für Kinder unter drei Jahren werden Betreuungsmöglichkeiten in Kinderkrippen entweder als Vollzeit- oder als Halbtagsplatz angeboten. Während Kindergartenplätze allerdings so gut wie garantiert zur Verfügung stehen liegt die Nachfrage für Plätze für unter 3-jährige wesentlich höher als das Angebot. Insofern deckt der Kinderbetreuungssektor prinzipiell alle Altersstufen bis zum Schuleintritt ab, speziell für den Bereich der unter 3-Jährigen jedoch ist das bestehende Angebot nicht ausreichend. Hier allerdings werden Kinder, deren Eltern allein erziehend, sozial benachteiligt oder erwerbstätig sind, bei der Vergabe von Betreuungsplätzen besonders berücksichtigt.

Auf institutioneller Ebene bestehen lokale Unterschiede im Angebot an Betreuungsplätzen zwischen Ost- und Westdeutschland weiter fort. Während für 36,9 % der Kinder unter drei Jahren in den östlichen Teilen Deutschlands ein Platz in einer Betreuungseinrichtung zur Verfügung gestellt werden konnte, war dies im Westen nur für 2,7 % der Fall (gesamt: 8,5 %). Kindergartenplätze konnten im Westen für 88 %, im Osten sogar für 105 % der Kinder zugänglich gemacht werden (gesamt: 89,8 %). Dies hängt mit dem gesetzlichen Anspruch auf einen Kindergartenplatz zusammen. Mit Blick auf die Ganztagsbetreuung in diesen Einrichtungen fällt ein weiterer Unterschied auf: nur 24,2 % der Kindergartenplätze in Westdeutschland sind als Ganztagsplätze ausgelegt, während dies für 98,2 % der Plätze in den östlichen Bundesländern der Fall ist (gesamt: 36,4 %).

Hinsichtlich der Frage, wie das Verhältnis zwischen den institutionellen Formen der Kinderbetreuung und ihren informellen Ausprägungen (familiäre Betreuung durch Tagesmütter) geregelt ist, lassen sich von staatlicher Seite Bemühungen feststellen, den Status der informellen Betreuung zu stärken. Zurzeit verbleibt die familiäre Tagesbetreuung jedoch noch in einem informellen Kontext. Die Nachmittagsbetreuung für Schulkinder stellt eine Kombination von schulbezogener und darauf folgender Nachmittagsbetreuung dar, die dann von der Jugendhilfe übernommen wird. Weitere Schritte zur Annäherung von institutioneller Betreuung und Tagespflege werden im Rahmen einer Qualitätsoffensive angestrebt.

Die Standardöffnungszeiten der Kindergärten liegen in den westdeutschen Flächenländern im Allgemeinen von 7:30 Uhr bis 16:30 Uhr. In der Schulbetreuung werden ähnliche, oft eher kürzere Zeiten angeboten. In den Stadtstaaten und den östlichen Bundesländern sind oft längere Öffnungszeiten vorzufinden. Für die Betreuung von Kindern unter drei Jahren spielen neben Kinderkrippen die Tagesmütter eine ausschlaggebende Rolle. Andererseits werden Tagesmütter jedoch aus gesellschaftlicher Sicht weiterhin als „informelle Anbieter" begriffen und haben dementsprechend niedrige Einkommen und eine geringe soziale Absicherung. Zudem unterliegt die Arbeit der Tagesmütter oftmals keinen gemeinsamen Standards. Jedoch finden sich in zunehmender Zahl Initiativen und Organisationen, die anstreben, den sozialen Status und die Qualifikation von Tagesmüttern zu erhöhen und sie so in den regulären Arbeitsmarkt zu integrieren.

4 Finanzierung

Aufgrund der föderalen Struktur Deutschlands und der Verantwortlichkeit der Länder für die Umsetzung der jeweiligen Betreuungsangebote gibt es kein einheitliches finanzielles Konzept für den Kinderbetreuungssektor. Aber auch wenn die Länder unterschiedliche Wege der Umsetzung gehen, lassen sich in allen Fällen vier Hauptakteure bei der Finanzierung der Betreuungsangebote identifizieren: In den einzelnen Bundesländern setzt sich die Finanzierung der Betriebskosten von Kindertageseinrichtungen aus einer sehr unterschiedlich geregelten Kombination von

- Landeszuschüssen,
- Zuschüssen der Gemeinden bzw. der örtlichen Träger der Jugendhilfe,
- Eigenanteilen der Träger und
- Elternbeiträgen

zusammen.

Besonders die Höhe des jeweiligen Elternbeitrages variiert: er kann von der jeweiligen Betreuungseinrichtung festgelegt werden, vom Bundesland oder von der lokalen Jugendhilfe (vgl. Esch/Klaudy/Stöbe-Blossey 2005: 25 ff.). Die Zuschüsse an die Träger von Einrichtungen werden in der Regel auf der Basis von Mindeststandards (Qualifikation der Mitarbeiter, Personalschlüssel) berechnet. Einen Anspruch auf Landesförderung haben in der Regel kommunale Einrichtungen sowie Einrichtungen von anerkannten Trägern der freien Jugendhilfe.

Die Verteilung der Landeszuschüsse gestaltet sich von Land zu Land ebenfalls sehr unterschiedlich. Generell lassen sich derzeit zwei unterschiedliche Trends im Bereich der Finanzierungsstrukturen feststellen: das Modell der kindbezogenen Finanzierung und das Modell der gruppenbezogenen Finanzierung. Nach dem kindbezogenen Finanzierungsmodell wird der Landeszuschuss durch die von den Eltern gewählte Buchungszeit bestimmt und pro Kind geleistet. Die gruppenbezogene Finanzierung ist eine Pauschale, die auf der Grundlage des Alters der Kinder, der Öffnungszeiten und der Anzahl der Plätze pro Gruppe berechnet wird, unabhängig von der genutzten Betreuungszeit der Kinder. Die kindbezogene Förderung soll zu einer gezielten und bedarfsgerechten Gestaltung der Betreuungsangebote beitragen, weil die Finanzierung der Einrichtung vom Nutzungsverhalten der Eltern abhängt. Demgegenüber bietet die Gruppenförderung mehr Planungssicherheit für die Träger. Darüber hinaus ist auch eine Kombination zwischen gruppen- und kindbezogener Förderung möglich.

5 Personalqualifikation

Je nach Berufsfeld lassen sich verschiedene Qualifikationsstufen und -profile der Angestellten im Betreuungssektor ausmachen. Die klassische Ausbildung im Bereich der Kinderbetreuung ist die der Erzieherin bzw. des Erziehers. Zugangsvoraussetzung zur Ausbildung zur Erzieherin ist mindestens der Realschulabschluss. Die Ausbildung beinhaltet sowohl eine (berufs-)schulische Komponente als auch praktische Anteile. In der dreijährigen schulischen Ausbildung wird interdisziplinäres Wissen aus pädagogischen Bereichen erlangt. Anschließend wird ein einjähriges Praktikum in einer Betreuungseinrichtung absolviert. Erzieher arbeiten hauptsächlich in Kindergärten oder Kindertagesstätten, aber auch in Kinderheimen und Jugendzentren. Ihre Arbeit umfasst Betreuung und Aufsicht, soziale Unterstützung, die Entwicklung von Lehrplänen, die Kommunikation mit Eltern und die Dokumentation der Arbeit. Ein weiteres Berufsfeld im Betreuungssektor ist das des Heilpädagogen und des Sonderpädagogen. In letzter Zeit ist durch die Einführung verschiedener neuer Studiengänge zur Frühpädagogik an sowohl Fachhochschulen als auch Universitäten ein Trend zu einer akademischen Ausrichtung der Ausbildung zu beobachten, die sich neben die klassische Berufsausbildung stellt (vgl. Berth 2007). Die Konsequenzen dieser Entwicklung etwa mit Blick auf die Löhne können noch nicht abgeschätzt werden.

6 Integrierte und flexible Angebote

Eine generelle politische Strategie mit Bezug auf den Betreuungssektor kann nicht direkt auf Bundesebene durchgesetzt werden, da die Implementierung und praktische Umsetzung von Leitlinien stets bei den Ländern liegt. Die Bundesregierung gibt innerhalb dieser Konstellation jedoch Impulse, um positiven Einfluss auf die Expansion des Betreuungssektors speziell für Kinder unter drei Jahren zu nehmen und auch um auf den Schulsektor einzuwirken. Unter dieser Leitidee haben die Bundesregierung und die Länder gemeinsam unter dem Titel „Zukunft Bildung und Betreuung“ (ZBB) ein Investitionsprogramm verabschiedet, in dem die finanzielle Unterstützung von Investitionen der Länder für Maßnahmen zur Bildung und Betreuung vor allem über den bedarfsgerechten Auf- und Ausbau von Ganztagsschulen geregelt ist. Das Investitionsprogramm ist nicht zuletzt deshalb wichtig, weil der Bedarf nach Betreuungsangeboten besonders im Zusammenhang mit flexiblen Arbeitszeiten wahrgenommen wurde. Der wirtschaftliche Bedarf nach einer steigenden Teilnahme am Arbeitsmarkt macht eine ausgeweitete Betreuungsinfrastruktur unerlässlich. Im Einzelnen richtet sich die gesetzliche Neuausrichtung vor allem auf einen bedarfsgerechten Ausbau des Betreuungsangebotes für unter 3 Jährige. Darunter fällt auch die gesetzliche Vorgabe, dass sowohl für unter 3 Jährige als auch für Kinder im Schulalter eine dem Bedarf entsprechende Anzahl von Plätzen entweder in einer Betreuungseinrichtung oder bei einer Tagesmutter zur Verfügung gestellt werden muss. Bedarfsorientiert heißt in dieser Lesart, dass ein Platz dann zur Verfügung gestellt wird, wenn die Eltern oder ein Elternteil erwerbstätig sind oder einer anderen professionellen Beschäftigung wie z.B. Fortbildungen nachgehen. Die tägliche Betreuungszeit des Kindes soll dann dem individuellen Bedarf entsprechen. Eine vorläufige Regelung schreibt für die öffentlichen Einrichtungen vor, diesem Bedarf bis spätestens zum 01.10.2010 gerecht zu werden, jährlich Erweiterungen vorzunehmen und den je aktuellen Bedarf zu ermitteln. Dies bedeutet keinen Rechtsanspruch wie im Falle der Kindergartenplätze, die Regelung zielt jedoch in Richtung einer individuellen Bedarfsbefriedigung. Die in dem Investitionsprogramm vorangetriebene gesetzliche Umorientierung bezieht erstmals auch explizit Tagesmütter mit ein. Die Betreuung von Kindern unter drei Jahren sowie die Ganztagsbetreuung von 3- bis 6 Jährigen, die das Vormittagsangebot der Kindergärten überschreitet, können nach dieser Regelung auch von Tagesmüttern übernommen werden, so dass zuvor als „informell" angesehene Betreuungsalternativen einen den institutionellen Angeboten gleichrangigen Status bekommen sollen.

Inzwischen hat sich gezeigt, dass diese Regelungen nicht im notwendigen Umfang zu einer Erweiterung der Betreuungsangebote führen. Deshalb sind weitere Gesetzesinitiativen des Bundes geplant, die auf eine stärkere finanzielle Unterstützung der Länder und die Einführung eines Rechtsanspruchs für 1-2 Jährige zum Jahr 2013 abzielen. Mit Blick auf integrierte Angebote muss festgestellt werden, dass es verschiedene Faktoren gibt, die die Entwicklung solcher Angebote hemmen. Unter integrierten Angeboten werden Betreuungsangebote verstanden, die sich bspw. in direkter Verbindung mit Angeboten der Gesundheitsvorsorge an das Kind wenden. Hier kommt jedoch das Problem zum Tragen, dass für eine verlässliche und hochqualitative Betreuungssituation auch ein Begriff wie „Gesundheitsvorsorge" kohärent und standardisierbar definiert werden muss. Ohne eine solche Definition kommt auch die Formulierung von Qualitätsstandards nicht aus, und ihr Fehlen stellt eines der größten Hemmnisse für Integrationsbemühungen dar. Hinzu kommt mangelnde praktische Erfahrung bei einer solchen Zusammenarbeit. Die Trennung des Gesundheitssektors und des Sozialsektors, in dem z.B. auch die Jugendhilfe angesiedelt ist, ist im politischen System bedingt, so dass sich beide Bereiche unabhängig voneinander entwickelt haben und nun durch unterschiedliche Institutionen vertreten werden. Das zieht Fragen des Datenschutzes nach sich: Einerseits müssen die Institutionen und

Verwaltungen die bestehenden Vorschriften einhalten, andererseits scheitern mögliche Kooperationen gerade an diesem Punkt, weil die Praktiker sich in Fragen des Datenschutzes oft unsicher sind. Dies verleitet faktisch viele dazu, gar nichts zu unternehmen. In jedem Falle aber bedarf es der Zustimmung der Eltern für jede Form der Gesundheitsvorsorge, die innerhalb einer Betreuungssituation angeboten würde. Aus diesen Gründen hängt die mögliche Etablierung einer Zusammenarbeit in hohem Maße vom Engagement einzelner Verantwortlicher oder Angestellter ab. Das Datenschutz-Hindernis fungiert dabei oftmals auch als Vorwand für die weiterbestehende Separierung der Systeme und wirkt so gerade gegen die Integration verschiedener Angebote.

In der Praxis finden sich jedoch auch einige Projekte, die diesen Schritt in Richtung integrierter Angebote gehen. Das „Familienzentrum"-Projekt in Nordrhein-Westfalen ist ein Beispiel dafür. Das Projekt wurde im Jahr 2006 vom Landesministerium für Generationen, Familie, Frauen und Integration (MGFFI) initiiert. Ziel des Projektes ist es, Kooperationen zwischen Betreuungseinrichtungen und anderen lokalen Akteuren zu ermöglichen, um auf diese Weise z.B. Kontakte zu Tagesmüttern zu vermitteln, Beratungsdienste anzubieten und allgemein Angebote zu schaffen, die über die etablierte Rolle der Kinderbetreuung hinausgehen. Auf diese Weise können breit angelegte, familienorientierte Dienstleistungen in konzentrierter, gebündelter Form angeboten werden. Im direkten lokalen Verbund mit einer Betreuungseinrichtung sollen die Familienzentren die Distanz zu verschiedenen Angeboten verringern und durch das Praktizieren einer „Politik der offenen Tür" Vertrauen in diese neue Form des Angebots schaffen. Bis 2012 soll sich ein Drittel aller Kindertageseinrichtungen zu Familienzentren entwickeln. Zu den Zielen des Projekts zählen im Einzelnen

- die Förderung der Bildung für unter dreijährige und Kindergartenkinder und die frühe Förderung der sprachlichen Fähigkeiten (insbes. auch für Kinder mit Migrationshintergrund);
- die Beratung von Familien im Verbund mit Bildungsangeboten für Eltern;
- die Verknüpfung zwischen Kindertageseinrichtungen und Tagesmüttern;
- die Orientierung der Angebote am Bedarf des Sozialraums.

6.1 Flexibilität: Öffnungszeiten

Hinsichtlich der rechtlichen Grundlage für flexible Kinderbetreuung besteht keine bundesweite Regelung. Die einzige gesetzliche Verpflichtung für die Länder liegt in der Bereitstellung eines Kindergartenplatzes für drei- bis sechsjährige Kinder. Zu weiten Teilen richten sich die so angebotenen Plätze nach den regulären Öffnungszeiten der Kindergärten. Im Allgemeinen liegen die Öffnungszeiten in der institutionellen Kinderbetreuung in Deutschland zwischen 7:30 und 16:30 Uhr an Wochentagen. Die Zeiten können je nach Anbieter und Region variieren, insbesondere zwischen ost- und westdeutschen Angeboten (s.o.). Auch die Schließung über die Mittagszeit variiert. An Wochenenden gibt es bis dato kaum Betreuungsangebote. Dasselbe gilt für eine Betreuung über Nacht (oft nur von privaten Anbietern und in größeren Städten) und für die Betreuung kranker Kinder. Zudem schließen die meisten Betreuungseinrichtungen während eines Teils der Schulferien. Während einige Anbieter spezielle Ferienprogramme unterbreiten, gibt es andernorts Lösungen, bei denen sich verschiedene Einrichtungen turnusmäßig die Ferienöffnungszeiten teilen (d.h. eine Einrichtung hat z.B. während der ersten Ferienwochen geöffnet, eine andere übernimmt die zweite Hälfte).

Die Erhebungen zu Anforderungen an die Kinderbetreuung ermitteln typischerweise den quantitativen Bedarf an Betreuung, und dies hauptsächlich für Kinder zwischen 3 und 6 Jahren. Entsprechend werden in lokalen Planungen zwar häufig Maßnahmen für die „Pro Kopf"-Bedarfe ergriffen, gleichzeitig wird damit aber der Bedarf nach flexibler Betreuung außer Acht gelassen. Insgesamt liegen kaum statistisch valide regionale Daten über die tatsächlichen Bedarfe vor. Eine in NRW durchgeführte Studie, basierend auf 1200 Interviews mit Müttern von unter vierzehnjährigen Kindern, identifiziert jedoch einen konkreten Bedarf für die Betreuung zu atypischen Zeiten und an flexiblen Angeboten besonders für Kinder unter drei Jahren.

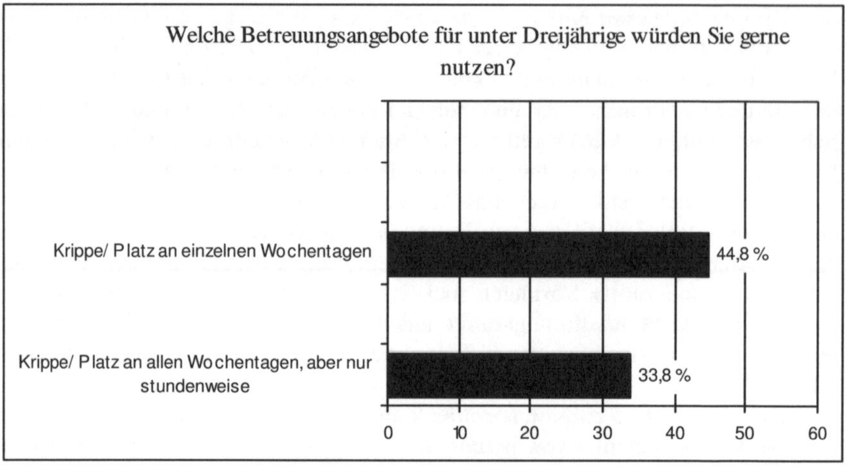

Tabelle 2: Befragung der Eltern über die Nutzung der Betreuungsangebote

Quelle: Esch/Klaudy/Stöbe-Blossey 2005: 71.

Mit Blick auf die Gesamtstruktur lässt sich mittlerweile jedoch eine Entwicklung hin zur Schaffung flexibler Zeit- und Betreuungsstrukturen feststellen. Auch hier gibt es Unterschiede zwischen den Bundesländern. Während aufgrund des jeweils von den Ländern bestimmten Rahmens in einigen Ländern die Einführung und Umsetzung flexibler Betreuung weniger kompliziert ist, sehen sich Anbieter in anderen Fällen Problemen ausgesetzt. Auf lokaler Ebene ist insgesamt jedoch vielfach eine Bewegung hin zu flexiblen (institutionellen) Angebotsformen auszumachen (die Weiterentwicklung flexibler Tagesbetreuung etwa durch Tagesmütter ist weiterhin offen). In diesem Zusammenhang ist auch festzustellen, dass diejenigen Einrichtungen, die flexible Betreuung ermöglichen, oft zugleich im Rahmen ihres spezifischen Projekts einen Fahrdienst anbieten, während der Transport der Kinder zu den Einrichtungen in den meisten übrigen Fällen von den Eltern zu leisten ist.

Die Festlegung der allgemeinen Arbeitszeit im Betreuungssektor basiert auf den Verhandlungen zwischen Arbeitgeber und Gewerkschaften. Bisher lag die normale wöchentliche Arbeitszeit bei 38,5 Stunden. Aktuell ist aber eine Tendenz zur Erhöhung der Arbeitszeiten festzustellen. Zusätzlich zeigen aktuelle Daten des Statistischen Bundesamtes, dass die Zahl der Teilzeit- und Kurzzeitbeschäftigten in Deutschland extrem gestiegen ist. In Westdeutschland ist beinahe die Hälfte aller im Betreuungssektor Beschäftigten auf Teilzeitbasis angestellt (135.359 Personen). Im Vergleich zu 1990 (55.233) bedeutet dies einen Anstieg von 145,1 %, während die Zahl der Vollzeitbeschäftigten nur um 12 % gestiegen ist. Auch in Ostdeutschland ist zwischen 1991 (132.562) und 2002 (14.412) mit einem Verlust von 89,1 % ein massiver Rückgang der Vollzeitbeschäftigten zu beklagen. Im selben Zeitraum stieg die Zahl der Teilzeitbeschäftigten von 29.023 auf 55.715, was einem Zuwachs von 92 % entspricht. Diese Entwicklungen unterstreichen die Tatsache, dass der Wandel der Arbeitsstrukturen neue Herausforderungen an den zurzeit zu beobachtenden Wandel innerhalb der institutionellen Kinderbetreuung stellt. Es ist außerdem offensichtlich, dass die Nachfrage nach flexibler Betreuung mit der Beschäftigungssituation zusammenfällt. Eines der Hauptziele wird daher sein, die sozialen Ansprüche an die Kinderbetreuung mit den Interessen der in diesem Sektor Beschäftigten abzugleichen.

Ein besonderes Training für Angestellte zum Umgang mit flexibler Betreuung wird im Allgemeinen nur von den Einrichtungen angeboten, die auch flexible Zeiten zu ihrem Angebot zählen. In diesem Falle entwickeln die Einrichtungen eigene Fortbildungsmethoden, da ein gemeinsamer Leitfaden o.ä. nicht existiert. Auch mit Bezug auf die Kommunikation zwischen verschiedenen Betreuungsteams gibt es in den meisten Fällen keine besonderen Vereinbarungen – besonders dann nicht, wenn die Angebote in unterschiedlichen Einrichtungen stattfinden und von verschiedenen Trägern stammen. Nichtsdestotrotz gibt es mehrere Projekte, die in die Richtung einer Integration einzelner Betreuungseinrichtungen in ein Netzwerk verschiedener Anbieter mit einem gemeinsamen Management weisen.

Allgemeine Beobachtungen deuten darauf hin, dass die ersten Reaktionen der Angestellten bezüglich flexibler Kinderbetreuung eher kritisch und reserviert sind. Eine typische Entwicklung liegt jedoch darin, dass die Angestellten die Neuerungen mehr und mehr gutheißen, nachdem sie einige praktische Erfahrungen mit ihnen gemacht haben. Eine neuere Studie, basierend auf Interviews mit Angestellten, gibt einen Überblick über die neuen Herausforderungen, denen sich Angestellte in Einrichtungen mit einer flexiblen Betreuungsstruktur gegenüber sehen (Klinkhammer 2005: 84 ff.). Im Zuge dieses sich wandelnden Konzeptes der Kinderbetreuung hin zu flexiblen Arbeitsansätzen liegt eine der größten Herausforderungen in der komplexen organisationalen Struktur, von der oft angenommen wird, dass sie die Angestellten in ihren persönlichen Kompetenzen und Ressourcen überlastet. Dies ist einer der Gründe dafür, warum sich viele Angestellte ein höheres Ausbildungsniveau wünschen, nämlich um besser auf die Anforderungen der Arbeit mit Kindern in einer flexiblen Ausrichtung vorbereitet zu werden. Ein positiver Aspekt dieser Entwicklung liegt in dem intensivierten Kontakt zu Eltern und der Wahrnehmung der Bedürfnisse der Familien. Dabei tut sich jedoch eine weitere Herausforderung auf. Die Angestellten müssen ein ausgeglichenes Verhältnis zwischen den Bedürfnissen der Eltern auf der einen Seite und den Bedürfnissen und Interessen der Kinder auf der anderen Seite entwickeln. Diese Ausbalancierung kommt einem Drahtseilakt gleich. Aus diesen Überlegungen heraus zeigt sich jedoch schließlich der Bedarf nach fundamentalen Reformen in der öffentlichen Kinderbetreuung und auch der Bedarf, die bestehende Mentalität auf sozialer und politischer Ebene zu überdenken.

6.3 Pädagogische Ansätze

Die Anforderungen an die Mindestanwesenheit eines Kindes in einer Einrichtung wie auch für die Höchstdauer der Zeit, die ein Kind in einer Einrichtung verbringen kann, hängen im Allgemeinen von der pädagogischen Haltung ab, die die jeweilige Einrichtung zu diesen Fragen einnimmt. Die Minimal-Empfehlung der meisten Einrichtungen liegt bei 9 Wochenstunden. Auch individuelle Vereinbarungen wie Platzreservierung, Mahlzeiten oder Transport werden durch den Anbieter bzw. die Einrichtung bestimmt. Der Umgang mit besonderen Wünschen und Bedürfnissen seitens der Eltern ist daher ebenfalls von der konkreten Einrichtung bzw. ihrem Träger und seinem Betreuungsverständnis abhängig.

Klare Regelungen hinsichtlich der Infrastruktur und der spezifischen räumlichen Ausstattung sind eine Grundvoraussetzung für das Betreiben einer Betreuungseinrichtung. So gibt es beispielsweise detaillierte Richtlinien für die Größe und Ausstattung der Außenanlagen zum Spielen.

Als ein Trend kann die verstärkte Konzentration auf Sammlung und Dokumentation von Daten über die individuelle Lernentwicklung eines Kindes verzeichnet werden. Die Verpflichtung der Einrichtungen zu dieser Dokumentation basiert auf je nach Bundesland unterschiedlichen Regelungen. Die Einrichtungen, die flexible Betreuung anbieten, haben oft Arbeits- und Dokumentationsweisen entwickelt, die sich besonders auf das Wohlergehen des Kindes in den flexiblen Strukturen beziehen.

6.4 Kosten

Wenn flexible Betreuung öffentlich gefördert wird, so unterliegt sie denselben Rahmenbedingungen wie in jedem anderen Kindergartenplatz. In den regulären institutionellen Betreuungsstrukturen setzt sich die Finanzierung der Kindestageseinrichtungen aus einer Kombination von Landeszuschüssen, Zuschüssen der Gemeinden bzw. der örtlichen Träger der Jugendhilfe, Eigenanteilen der Träger und Elternbeiträgen zusammen. Generell lassen sich derzeit zwei unterschiedliche Trends im Bereich der Finanzierungsstrukturen feststellen, nach denen sich der jeweilige Landeszuschuss zu den Betriebskosten bemisst: das Modell der kindbezogenen Finanzierung und das Modell der gruppenbezogenen Finanzierung. Insbesondere das Modell der kindbezogenen Finanzierung kann für den Bereich flexibler Kinderbetreuung von Interesse sein. Die Finanzierung einer Einrichtung hängt in diesem Fall vom Nutzungsverhalten der Eltern ab, für die nur die von ihnen in Anspruch genommenen („gebuchten") Zeiten beitragspflichtig sind. Dieses Modell kann zu einer gezielten und bedarfsgerechten Gestaltung der Betreuungsangebote beitragen.

6.5 Unternehmensbezogene Ansätze

Derzeitige Bemühungen von Unternehmen zeigen, dass einige von ihnen gewillt sind, Kinderbetreuung in ihre Unternehmensstrategie aufzunehmen. Dies gilt insbesondere für hochqualifizierte Angestellte größerer Unternehmen, denn diese Angestellten bedeuten eine hohe Investition der Unternehmen hinsichtlich der Kosten für die professionelle Ausbildung und Einarbeitung. Beschäftigte mit minderer Qualifikation profitieren deshalb nur selten von der unternehmensinternen Kinderbetreuung. Zusätzlich sind kleinere Unternehmen und Betriebe bisher offenbar nicht genügend sensibilisiert für die Einrichtung von Betreuungsmöglichkeiten für die Kinder von Mitarbeitern.

Die von einzelnen Unternehmen eingerichtete Betreuung hat zudem an Popularität verloren. Obwohl es Eltern in dieser Option möglich ist, ihre Kinder in die meist in demselben Gebäude oder zumindest nah am Arbeitsplatz liegende Einrichtung zu geben, wird das Kind durch diese Lösung aus dem ihm bekannten sozialen und lokalen Umfeld herausgerissen. Mit Schuleintritt würde das Kind dann wiederum zum „Rückkehrer" in das Wohnumfeld werden. Einer anderen Strategie folgend, beteiligen sich einige Unternehmen auch an der Finanzierung einer bestimmten Zahl von Plätzen in Einrichtungen öffentlicher, freier oder privater Träger am Wohnort ihrer Mitarbeiter.

Ein Beispiel für eine gute Praxis ist in der Initiative „B.u.K. – Betrieblich unterstützte Kinderbetreuung“ in Dortmund zu sehen.[13] Im Rahmen einer „Arbeit und Leben in Balance“-Politik bietet B.u.K. Beratungen für Beschäftigte an, die Eltern sind. Als Berater und Vermittler arbeitet B.u.K. mit dem jeweiligen Unternehmen zusammen und koordiniert alle Schritte bezüglich der Betreuung für die Kinder der Mitarbeiter. Das Unternehmen trägt die Kosten für diese Dienstleistung (Beratung und Vermittlung), während die Mitarbeiter selbst nur für die in Anspruch genommene Betreuung aufkommen. Darüber hinaus können Unternehmen bei B.u.K. Leistungspakete unterschiedlichen Umfangs einkaufen, die von einer rund um die Uhr besetzten Servicehotline Mitarbeiter bis zu individuell kombinierbare Dienste anbieten. Die Angebote von B.u.K. richten sich auch an kleinere Unternehmen. Zum Umfang der Leistungen von B.u.K. zählen die Vermittlung qualifizierter und erfahrener Tagesmütter, die kurzfristige Vermittlung von Betreuung in Notfällen, in den Ferien oder bei Krankheit, die Identifikation individueller Bedürfnisse und der dazu passenden Betreuungsform, eine Beratung zu den Kosten sowie Informationen über verfügbare Plätze in öffentlichen und privaten Einrichtungen sowie über Betreuungsplätze in Grundschulen.

6.6 Behinderte Kinder

Neben speziellen Einrichtungen, die ausschließlich behinderte Kinder oder Kinder mit besonderen Bedürfnissen betreuen gibt es auch eine Anzahl von Einrichtungen, die integrierte Gruppen anbieten, in denen behinderte Kinder mit nichtbehinderten Kindern zusammen sind. Die Möglichkeit zur Organisation flexibler Betreuung für behinderte Kinder hängt mit der Schwere ihrer Behinderung zusammen. Mit Blick auf die Bestrebungen, eine Reihe gemeinsamer Standards für die Qualität von Betreuung auszuarbeiten, hat das Deutsche Jugendinstitut (DJI) ein gemeinsames Curriculum für die Qualifikation junger Betreuer ausgearbeitet, die mit behinderten Kindern arbeiten.

6.7 Einstellungen gegenüber flexibler Betreuung und Konsequenzen für die Kinder

Es ist klar festzustellen, dass Eltern flexible Kinderbetreuung nachfragen und einen konkreten Bedarf nach flexiblen Betreuungslösungen haben. Während von Seiten der für das Politikfeld zuständigen Jugendämter der Blick auf flexible

[13] www.buk-vffr.de

Kinderbetreuung eher skeptisch ist, wird die Idee aus arbeitsmarktpolitischer und wirtschaftlicher Sicht unterstützt. Die Medien zeigen begrenztes Interesse, vor allem ohne weiter auf die Hintergründe flexibler Betreuung einzugehen. Mit Hinsicht auf die generelle gesellschaftliche Bewertung flexibler Kinderbetreuung ist die Position eher zurückhaltend bis abgeneigt.

Die Sicht von Kindern, die in ihren Einrichtungen bereits Erfahrungen mit flexibler Betreuung gemacht haben, wird in einer vom Deutschen Jugendinstitut erstellten Studie wiedergegeben (Klinkhammer 2005: 136 ff.). Die Ergebnisse zeigen, dass die Kinder in der Lage waren, sich dem flexiblen System ohne große Schwierigkeiten anzupassen. Im Allgemeinen schätzen diese Kinder die Breite der in den Einrichtungen mit flexibler Betreuung angebotenen Aktivitäten. Hinsichtlich der Teilnahme an unterschiedlichen Aktivitäten erschienen ihnen weder die wechselnden Betreuer noch die gemischten Altersgruppen als ein Problem. Als zusätzlicher positiver Effekt kann gesehen werden, dass die Kinder in diesem Umfeld lernen, autonom zu handeln, und Selbstbewusstsein im Umgang mit anderen Kindern gewinnen, was von den Kindern letztlich positiv bewertet wird. Dieser Autonomiegewinn ist auch im Zusammenhang mit den unterschiedlichen Bring- und Holzeiten der einzelnen Kinder zu sehen, wobei jedes Kind für sich dabei jedoch einen Rhythmus entwickelt, an den es sich gewöhnen kann. Insgesamt hat sich herausgestellt, dass unterstützende pädagogische Mechanismen wie feste Rituale (Morgenkreis etc.), individuelle Betreuung und die Integration der Perspektive des Kindes in die pädagogische Arbeit (z.B. über das Sammeln von Informationen über persönliche Erfahrungen, Wünsche und Meinungen in Gesprächen zwischen Kind und Betreuer) wichtige Mittel darstellen, um Stabilität in flexiblen Betreuungsstrukturen herzustellen.

7 Praxisbeispiel

Das „Kinderhaus Rasselbande"[14] in Castrop-Rauxel bietet Gruppenbetreuung für Kindergartenkinder und Schulkinder bis 17:00 Uhr an. Während dieser Zeit können die Betreuungszeiten bedarfsorientiert gebucht werden. Für unter 3 Jährige gibt es Spielgruppen. Diese Gruppen bestehen aus bis zu fünf Kindern zwischen sechs Monaten und drei Jahren. Sie werden von einem Pädagogen zwischen 8:30 und 12:30 Uhr betreut. In der Einrichtung wird dies als sinnvolle Alternative zu einer Betreuung durch Tagesmütter verstanden, denn durch die frühe Gewöhnung an das Miteinander in einer Gruppe können die Kinder lernen, Kontakt zu Gleichaltrigen herzustellen. Der spätere Übergang in die Kindergar-

---

[14] www.kinderhaus-rasselbande.de

tengruppe fällt ihnen dadurch leichter und geschieht auf natürlichem Wege. Auf Grundlage dieser pädagogischen Überlegungen wird eine wöchentliche Mindestanwesenheit von zehn Stunden als wünschenswert betrachtet. Wenn Eltern ergänzend zu den Öffnungszeiten einen Betreuungsbedarf haben, besteht die Möglichkeit, dass Pädagogen die Kinder auch in der Wohnung der Familie betreuen. Dieses entweder sporadisch (z.B. in Notsituationen) oder regelmäßig nutzbare Angebot ist altersunabhängig und kann auch Freunde der Kinder mit einschließen. Die Einrichtung versucht auch, die Bedarfe der Eltern zu koordinieren: Ein Mitarbeiter des Familiendienstes kann etwa drei Kinder aus drei verschiedenen Familien betreuen, die einen ähnlichen zeitlichen Bedarf haben. Auf diese Weise erzielen die Eltern eine preislich günstige Situation und die Kinder haben Kontakt zu Spielkameraden. Im Allgemeinen arbeiten die Angestellen auf Basis eines 25- oder 30-Stunden-Vertrages, der je nach Bedarf aber auch aufgestockt werden kann. Die Eltern schätzen die Lösung, dass auch die Betreuung außerhalb der Öffnungszeiten von den ihnen schon aus der Einrichtung vertrauten Mitarbeitern übernommen wird, was für diese jedoch eine gewisse Unsicherheit hinsichtlich ihres jeweiligen Arbeitsvolumens mit sich bringt. Zusätzlich zu den verschiedenen Betreuungsmöglichkeiten bietet das Kinderhaus Rasselbande auch einen Fahrdienst an, der die Kinder entweder von Zuhause abholt oder sie dorthin bringt. Der Fahrdienst kann im Rahmen eines Vertrags oder als Sonderbetreuungsleistung gebucht werden. Es besteht auch die Möglichkeit, verschiedene Betreuungsmodule zu kombinieren. So können Kinder während der Betreuung durch den Familiendienst beispielsweise zum Fußballtraining gebracht werden. Während der Schulferien bietet die Einrichtung außerdem ein spezielles Ferienprogramm an, dass verschiedene Freizeitaktivitäten mit Betreuung verbindet.

Die folgende Zusammenstellung bietet eine kurze Übersicht über einige weitere Einrichtungen unterschiedlicher Träger aus verschiedenen Teilen Deutschlands, die flexible Betreuungsangebote entwickelt haben.

Portrait	**1. „Villa Rapunzel", Buxtehude [15]**
Art der Einrichtung **Träger**	Kindertagesstätte Eingetragener gemeinnütziger Verein „Kindergarten für Betriebe e.V."
Anzahl der Kinder, Altersstruktur	45 Kinder zwischen 1 und 12 Jahren in zum Teil altersgemischten Gruppen, zusätzlich besteht die Möglichkeit zum „Platz-Sharing" in bestimmten Gruppen
Öffnungszeiten	Montag - Freitag 6:30-18:00 Uhr Geschlossen zwischen Weihnachten und Neujahr, jedoch Betreuung in Notsituationen
Betreuungsangebote	• Eltern können zwischen verschiedenen Betreuungsmodulen wählen (Ganztag, Halbtag, ¾-Platz). Je nach Arbeitszeit der Eltern können flexible Betreuungszeiten vereinbart werden • Gewöhnung der Kinder an das „Platz-Sharing" • Transport von der Schule zur Einrichtung oder von dort z.B. zum Fußball → Die Einrichtung versucht, den Bedürfnissen der Eltern mit einem breiten Angebot an Diensten gerecht zu werden
Kooperationen	Keine

[15] http://www.kindergarten-fuer-betriebe.de

Portrait	2.„Kinderhaus Krummbogen", Kiel [16]
Art der Einrichtung Träger	Kindertagesstätte AWO – Arbeiterwohlfahrt Kiel
Anzahl der Kinder, Altersstruktur	94 Kinder zwischen 1 und 12 Jahren in altersspezifischen Gruppen
Öffnungszeiten	Montag - Freitag 7:00-16:30 Uhr Geschlossen zwischen Weihnachten und Neujahr
Betreuungsangebote	• Eltern können aus 5 verschiedenen Betreuungsmodulen wählen. Die Betreuungszeiten werden auf Basis dieser Module nach dem individuellen Bedarf festgelegt • Es gibt eine Vielzahl an Gruppen- und Projektaktivitäten (bspw. ein „Wald-Projekt"). An zwei Tagen der Woche können Kinder ihre Lieblingsaktivitäten selbst bestimmen
Kooperationen	Partnerschaften mit anderen Tagesstätten in Kiel (insbesondere während der Ferien) und mit dem AWO-Tagesmütterbüro

[16] http://www.awo-kinderhaeuser.de

Portrait	3. „KinderKASTEN e.V.,“ Magdeburg [17]
Art der Einrichtung	Kindertagesstätte, rund um die Uhr geöffnet
Träger	Eingetragene Elterninitiative
Anzahl der Kinder, Altersstruktur	64 Plätze in der Tagesbetreuung in 3 Gruppen für Kinder zwischen 0 und 6 Jahren (mit Gruppenarbeit) 10 Plätze für Rund-um-die-Uhr-Betreuung für Kinder zwischen 0 und 12 Jahren
Öffnungszeiten	Montag - Freitag 6:00-18:00 Uhr , zusätzlich durchgehende Betreuung nachts, an Wochenenden und in Ferien; keine Schließzeit
Betreuungsangebote	• Die Einrichtung bietet umfassende, flexible Betreuung tags- und nachtsüber. Die ausgedehnten Öffnungszeiten und die darin angebotenen Leistungen bieten eine herausragende Verlässlichkeit für die Eltern • Während der Wochentage haben Eltern die Möglichkeit, individuelle Betreuungszeiten zu wählen • Zu den regulären Angeboten zählen insbesondere Projektaktivitäten → Auf Basis der Rund-um-die-Uhr-Betreuung können die Bedarfe aller Eltern (insbesondere in Schichtarbeit) erreicht werden
Kooperationen	Babysitter-Pool, Zusammenarbeit mit anderen KiTa-Trägern der Stadt Magdeburg über die „Arbeitsgemeinschaft Kindertagesstätten“

[17] http://www.kinderkasten.de

8 Zusammenfassung und Ausblick

Die erhöhte Aufmerksamkeit, die Qualitätsaspekten in der Kinderbetreuung während der letzten Jahre zuteil geworden ist, führt zu einer Verbesserung der pädagogischen Arbeit hinsichtlich ihrer Qualitätsstandards. Diejenigen, die von dieser Entwicklung profitieren, sind die Kinder. Auch die dezentrale Steuerung und die lokale Autonomie der Betreuungsstrukturen – die dann jedoch von einem nationalen Rahmen von Qualitätsstandards umschlossen werden müsste – zählen zu den Stärken des deutschen Betreuungsystems.

Zu den Schwächen des Betreuungssystems zählt vor allem die fehlende Infrastruktur für nachfrageorientierte Betreuung, was zu einer quantitativen Unterversorgung führt. Besonders betrifft dies das Angebot für Kinder unter drei Jahren und die Kluft zwischen der Betreuungssituation in Ost- und Westdeutschland.

Es besteht ein breiter Konsens darüber, dass das deutsche Betreuungssystem in sowohl quantitativer als auch qualitativer Hinsicht einer Verbesserung bedarf. Dafür gibt es hauptsächlich zwei Gründe: Berufstätige Eltern haben einen Bedarf nach Kinderbetreuung, der vom Angebot gedeckt werden sollte. Deswegen müssen die Betreuungsstrukturen bedarfsorientiert und nachfragegerecht ausgebaut werden.[18] Auch ökonomisch ist dies von Vorteil, da qualifizierte Mütter so im Arbeitsmarkt aktiv sein können. Der zweite Grund für eine Verbesserung der Betreuungssituation liegt darin, dass die Notwendigkeit und Wichtigkeit von frühkindlicher Betreuung und Unterstützung von Kindern immer stärker in den Fokus des öffentlichen Interesses gerät und verstärkt Aufmerksamkeit fordert. Die Bedürfnisse von Kindern aus Familien mit Migrationshintergrund oder Patchworkfamilien machen die Ausweitung des Bildungs- und Betreuungssystems – und die Gestaltung der frühkindlichen Betreuung insbesondere – zu einem Hauptanliegen für die Zukunft.

Bei der Analyse der „Qualität“ von Betreuungseinrichtungen in Deutschland mit den Methoden international anerkannter Qualitätsstandards (z.B. ECERS)[19] wird man auf einige Einrichtungen stoßen, die sehr gut sind – aber auch auf andere, die den Ansprüchen nicht genügen. Die globale pädagogische Prozessqualität nach KES[20] liegt demnach durchschnittlich im oberen Mittelfeld. Etwa 30 % der Kindergartengruppen erzielen einen guten Wert, zwei Drittel liegen in der Mitte, und 2 % erfüllen nicht einmal die Mindeststandards (vgl.

---

[18] Vgl. dazu Klinkhammer (2005)

[19] ECERS steht für „Early Childhood Environment Rating Scale” und bezeichnet ein Instrument zur Bestimmung der Qualität in vorschulischen Betreuungseinrichtungen.

[20] KES steht für „Kindergarten-Einschätz-Skala“ und stellt ebenfalls ein Instrument zur Feststellung der pädagogischen Qualität einer Einrichtung dar.

Tietze 1998: 351). Hohe Qualität hängt dabei signifikant von den individuellen Beiträgen einzelner beteiligter Pädagogen ab. Im internationalen Vergleich fällt auf, dass solche Beiträge zu wenig von den strategischen Entscheidungs- und Steuerungsebenen (politisches System, Verwaltung, Einrichtungsleitungen) motiviert und unterstützt werden. Dies spiegelt sich nicht zuletzt auch im Fehlen eines Standards oder einer exakten Bestimmung des „Qualitäts“-Begriffs. Als Folge dessen lassen sich seine Bestandteile auch nicht systematisieren. Oft wird argumentiert, dass Qualitätsstandards der Vielfalt der pädagogischen Ansätze widersprechen. Zudem gibt es in der pädagogischen Diskussion unterschiedliche Auffassungen darüber, wie „gute Qualität“ herzustellen und zu entwickeln ist, so dass sich in den Handlungsratschlägen an Politik und Verwaltung mitunter verschiedene Strategien finden lassen. Diese Kontroversen zwischen Politik, Verwaltung, Einrichtungen und Wissenschaft haben zu einer relativ freien Bestimmung des Begriffs „Qualität“ in der deutschen Betreuungslandschaft geführt und u.a. auch zu der Tatsache, dass bestimmte Bedürfnisse mancher Kinder unentdeckt geblieben sind.

9 Literatur

Berth, F. (2007): Bildung für Erzieher. Die Akademisierung des Berufs hat begonnen. Fast dreißig Hochschulen bieten Studiengänge für Frühpädagogik an. In: Süddeutsche Zeitung, Nr. 185, 13.08.2007, S. 16

Esch, K. ; Klaudy, K. ; Stöbe-Blossey, S. (2005): Bedarfsorientierte Kinderbetreuung. Gestaltungsfelder für die Kinder- und Jugendpolitik. Wiesbaden

Klinkhammer, N. (2008): Flexible und erweiterte Angebote in der Kinderbetreuung. Entwicklungstrends - Ansätze - Kontroversen. Zusammenfassung einer Recherche München

Klinkhammer, N. (2005): Kindertageseinrichtungen mit flexiblen Angebotsstrukturen: Neue Herausforderungen für die Gestaltung des pädagogischen Alltags von Erzieher/inne/n und Kindern. DJI Projektbericht. München

OECD (2004): Die Politik der frühkindlichen Betreuung, Bildung und Erziehung in der BRD. Online verfügbar unter: http://www.oecd.org/dataoecd/55/58/35125245.pdf

Tietze, W. (Hrsg.) (1998): Wie gut sind unsere Kindergärten? Eine Untersuchung zur pädagogischen Qualität in deutschen Kindergärten. Neuwied

Vogelsberger, M. (2002): Kindertagesbetreuung. Paderborn

Länderreport Schweden

1 Historischer Hintergrund und politische Trends

Kinderbetreuung stellt in Schweden traditionell einen der Ecksteine der schwedischen Familien- und Wohlfahrtspolitik dar. Ausgehend von der Verabschiedung eines umfassenden Entwicklungsprogramms für Familien in den 70er-Jahren, nimmt dieser Sektor auch heute noch einen bedeutenden Platz auf der politischen Agenda ein. Das Ziel, das im Rahmen der öffentlich-institutionellen Kinderbetreuung verfolgt wird, ist dabei ein doppeltes. Zum einen sollen Kinder eine pädagogisch hochwertige Fürsorge erhalten, die sie in ihrer Entwicklung fördert und ihr natürliches Interesse am Lernen spielerisch weckt. Zum anderen soll durch ein hohes Angebot an Betreuungsdienstleistungen Eltern die Möglichkeit gegeben werden, ihre Elternrolle mit Berufstätigkeit oder einem Studium zu verbinden.

Die Wurzeln des schwedischen Kinderbetreuungssystems liegen in der Zeit der Industrialisierung in der zweiten Hälfte des 19. Jahrhunderts. Private oder wohlfahrtlich organisierte Krippen nahmen sich der Kinder armer Familien an, während die Eltern den Lebensunterhalt erwirtschafteten. Auch Kindergärten gab es bereits, diese konnten jedoch nur von Kindern aufgesucht werden, deren Eltern über ein höheres Einkommen verfügten. In den 30er-Jahren wurden viele dieser privaten Einrichtungen zu öffentlichen Einrichtungen umgewandelt, und der schwedische Staat begann, die Verantwortung für die Kinderbetreuung zu übernehmen. In den 60er-Jahren stieg die Nachfrage nach Kinderbetreuung enorm an. Etwa zeitgleich wurde die „Nationale Kinderbetreuungskommission" (*Barnstugeutredningen*) ins Leben gerufen, die sich mit der Weiterentwicklung der Betreuungssysteme beschäftigte. Die Kinderbetreuung sollte fortan nicht nur betreuerische, sondern auch bildungsbezogene und soziale Aufgaben umfassen. Die zu dieser Zeit formulierten Prinzipien bilden noch heute die Basis für das schwedische Kinderbetreuungssystem. Als in den 70er-und 80er-Jahren die Nachfrage durch steigende Frauenerwerbsarbeit und geburtenstarke Jahrgänge abermals rapide anstieg, kam es zu Engpässen, die die Behörden zu einer breit angelegten Ausweitung des Systems veranlassten. Mitte der 90er-Jahre wurde durch massive Investitionen eine große Zahl neuer Betreuungsplätze geschaffen. 1996 schließlich wurde die Verantwortung für die öffentliche Kinderbetreuung vom Ministerium für Gesundheit und Soziales (*Socialdepartementet*) an das Ministerium für Bildung, Forschung und Kultur (*Utbildnings- och kulturdepar-*

tementet) übertragen. Zusammen mit der Betonung des bildungspolitischen Auftrags führte dies zu einer deutlich höheren Zugänglichkeit und Bedarfsdeckung in der öffentlichen Betreuung für Kinder von 1-12 Jahren. Damit sind zugleich die zentralen Ansprüche und langfristigen Bestrebungen der schwedischen Bildungsgesetzgebung für die Kinderbetreuung benannt: der gleichwertige und bedarfsgerechte Zugang zu den Betreuungs- und Bildungsangeboten des schwedischen Staates sowie die Sicherung einer hohen Qualität des Angebots. Die prominente Rolle Schwedens in der internationalen Bildungs- und Betreuungsdiskussion ist unter diesen Vorzeichen auch aus dem Elementarbereich heraus zu begreifen, in dem die Grundlagen für Lernen, Sprache und soziale Fähigkeiten gelegt werden.

2 Strukturdaten Schweden

Bruttoinlandsprodukt (BIP)*	29 300 € p.c. (2006)
Haushalte unter der Armutsgrenze**	9 % (2003)
Fertilitätsrate	1,77 (2005)
Anteil der Kinder zwischen 0-12 Jahren an der Gesamtbevölkerung 2004	14,4 % (1 306 010 von 9 047 752) (2005)

Tabelle 1: Strukturdaten Schweden

* Quelle: Eurostat. Vgl. zur offiziellen Statistik Schwedens www.scb.se; ** 60 % des durchschnittlichen EU-Nettoeinkommens. Der Sozialbericht des schwedischen Gesundheits- und Wohlfahrtsausschusses weist neben dem EU-Standard auch auf andere Möglichkeiten zur Erfassung von Armut hin (Socialstyrelsen 2006: 94 ff., 100 ff., 110).

3 Anbieter und Betreuungsformen

Der Kinderbetreuungssektor in Schweden richtet sich an Kinder von ein bis zwölf Jahren. Er ist Teil des öffentlichen Schulsystems, das die schulische und vorschulische Kinderbetreuung, die Vorschulklasse, die 9-jährige Grundschule sowie die weiterführende öffentliche Gymnasialausbildung umfasst. Tragende Säule der Kinderbetreuung ist in Schweden daher der öffentliche Sektor.

Die Integration von Vorschul- und Schulwesen wurde 1996 beschlossen und im Schulgesetz (*skollag*) verankert. Das 1985 erlassene Gesetz enthält eine generelle Skizzierung und Regulierung des schwedischen Bildungssystems auf allen Ebenen und stellt damit auch verbindliche Aussagen für den Vorschulsektor auf. Es definiert an oberster Stelle, dass alle Kinder gleichen Zugang zu den Bildungseinrichtungen des schwedischen Staates haben sollen. Gleichzeitig verpflichtet es die Kommunen, ein ausreichendes Betreuungs- und Bildungsangebot vor Ort zu schaffen. Das Schulgesetz gibt zudem Auskunft über Form und pädagogische Ausrichtung der verschiedenen Angebote:

> Jede Kommune ist dafür verantwortlich, für alle Vorschulkinder und Schulkinder, die in Schweden wohnhaft sind und deren dauerhafter Aufenthaltsort die jeweilige Kommune ist, ein Betreuungsangebot zur Verfügung zu stellen. [...] Vorschulische Betreuung bezieht sich auf diejenigen Kinder, die noch nicht die Schule besuchen. Betreuung für Schulkinder bezieht sich auf schulpflichtige Kinder bis zum Alter von 12 Jahren. Vorschulische Betreuung wird in Form von Vorschulen, durch Tagesmütter [in „Familientagesstätten" im schwedischen Sprachgebrauch] und zusätzlichen Betreuungsformen (offene Vorschule) angeboten. Schulkinderbetreuung wird in Form von Freizeitheimen und Familientagesstätten angeboten. Die Aufgabe der Vorschule besteht darin, den Kindern Bildung und Betreuung in Form von lehrreichen Aktivitäten anzubieten. Die Aufgabe der Schulkinderbetreuung ist es, den Kindern ergänzend zur Schule sinnvolle Freizeitbeschäftigungen anzubieten und sie in ihrer Entwicklung zu unterstützen. (Education Act 2005: 5; eigene Übersetzung)[21]

Private Initiativen, betriebliche Kinderbetreuung oder Elternvereinigungen spielen als Anbieter von Betreuungsdienstleistungen in Schweden eine vergleichsweise geringe Rolle. Der Großteil aller Betreuungseinrichtungen wird von den Kommunen betrieben.

Unterschieden wird im Kinderbetreuungssektor grundsätzlich zwischen vorschulischer Kinderbetreuung und Schulkinderbetreuung. Vorschulische Betreuung (*förskoleverksamhet*) richtet sich an Kinder von 1-5 Jahren und wird in Form von Vorschulen (*förskola*), Familientagesstätten (*familjedaghem*) oder offenen Vorschulen (*öppen förskola*) angeboten. Tagespflege ist vor allem in ländlichen Gebieten mit einer weniger dichten Infrastruktur verbreitet. Vorschulen finden sich am häufigsten in städtischen Räumen. Sowohl Vorschulen als auch Familientagesstätten bieten eine regelmäßige Betreuung mit pädagogischen Gruppenaktivitäten in einem geregelten Rahmen an, während die Eltern des Kindes arbei-

[21] Vgl. zu weiteren Anforderungen, die von Vorschulen und vergleichbaren Einrichtungen hinsichtlich Gruppengröße, Gebührensystem, Personalqualifikation, pädagogischer Aktivität etc. erfüllt werden müssen insgesamt Kapitel 2 des Education Act (2000: 5-10)

ten oder studieren. Offene Vorschulen sind dagegen als gemeinsamer Raum angelegt, in dem Kinder zusammen mit ihren Eltern spielen oder soziale Kontakte knüpfen. Anders als bei den beiden anderen Formen ist hier eine Anmeldung des Kindes für einen Platz nicht erforderlich. Auch der Elternbeitrag, der für Vorschule und Familientagesstätte zu entrichten ist, entfällt. Schulkinderbetreuung richtet sich an Kinder von 1-6 Jahren. Sie erhalten Betreuung in Freizeitheimen (*fritidshem*), Familientagesstätten oder nehmen an offenen Freizeitaktivitäten teil. Freizeitheime sind als Betreuungsmöglichkeit für die Zeit vor Schulbeginn oder nach Schulschluss konzipiert und finden sich daher häufig in unmittelbarer Nachbarschaft von Schulen.[22]

Im Jahr 2005 waren insgesamt 406 800 Kinder zwischen 1 und 5 Jahren für die vorschulische Kinderbetreuung registriert. Dies entspricht 83,4 % aller Ein- bis Fünfjährigen. Über 90 % von ihnen besuchten eine Vorschule (Skolverket 2006a: 29, 41). Damit ist die öffentliche Vorschule die am weitesten verbreitete Form der vorschulischen Ganztags-Kinderbetreuung und gleichzeitig beispielhaft für die zentralen Merkmale des schwedischen Betreuungssystems. Vorschulen können von Kindern ab Vollendung des ersten Lebensjahres besucht werden. Ein Betreuungsplatz soll Kindern innerhalb von drei Monaten nach Anmeldung verfügbar gemacht werden sowie die Wünsche und Bedarfe der Eltern hinsichtlich Form und zeitlichem Umfang berücksichtigen. Zuvor ermöglichte es die Elternzeitregelung schwedischen Eltern, nach der Geburt ihres Kindes bis zu 480 Tage von der Arbeit freigestellt zu werden und zu Hause für das Kind zu sorgen.[23] War der gesetzliche Anspruch auf einen Betreuungsplatz zunächst auf Kinder erwerbstätiger oder studierender Eltern beschränkt, so gilt seit dem Jahr 2001 eine erweiterte Regelung. Danach haben auch Kinder von erwerbslosen Eltern oder von Eltern, die sich im Erziehungsurlaub mit einem anderen Kind befinden, einen Anspruch auf einen Betreuungsplatz für ihr Kind (dies jedoch nur im Umfang von 15 Stunden pro Woche).

---

[22] Einen kurzen Überblick über diese Schulformen bietet SI (2004). Vgl. weitergehend auch Skolverket (2005a) sowie Eurydice (2006a) und – sehr ausführlich das gesamte schwedische Bildungssystem behandelnd – Eurydice (2006b). Alle Dokumente sind in englischer Sprache online zugänglich. Ein guter, grafisch aufbereiteter Überblick über alle Schulformen findet sich auch unter: http://skolnet.skolverket.se/polopoly/utbsys-eng

[23] Die Lohnfortzahlung beträgt während der ersten 390 Tage 80 % des aktuellen Lohnes. Danach wird die Zahlung auf eine Mindestpauschale von etwa 20 Euro pro Tag gesenkt (Försäkringskassan 2006). Jeweils 60 Tage der Elternzeit sind der Mutter bzw. dem Vater vorbehalten, die übrigen Tage können beliebig unter den Partnern aufgeteilt werden. Insgesamt werden 87 % der Elternzeittage genutzt, wobei 17,2 % von Vätern genutzt werden. 35 % der Väter haben zumindest 60 Tage Elternzeit in Anspruch genommen. In der schwedischen Öffentlichkeit werden hier noch wesentliche Potenziale nach oben gesehen, selbst wenn der schwedische Väteranteil an der Elternzeit innerhalb der OECD-Staaten bereits bei Weitem der höchste ist (OECD 2006b: 408).

Darüber hinaus wird im Rahmen der „allgemeinen Vorschule“ (*allmän förskola*) allen Kindern ab Vollendung des vierten Lebensjahres unabhängig von der Arbeitssituation der Eltern der kostenfreie Besuch einer Vorschule im Umfang von bis zu 15 Stunden pro Woche ermöglicht.[24] Durch den Besuch der allgemeinen Vorschule soll ein Mindestniveau an vorschulischer Betreuung auch mit Blick auf den späteren Übergang in die Vorschulklasse geschaffen werden, die die meisten Kinder mit sechs Jahren besuchen. Die Vorschulklasse bildet den Übergang zwischen Vorschule und Schule. Sie umfasst 525 Stunden freiwilligen schulvorbereitenden Unterricht, der über einen eigenen Lehrplan geregelt ist (vgl. Kapitel 6). Die Vorschulklasse ist damit eher am Konzept und an der Arbeitsweise der Grundschule orientiert, so dass in vielen Fällen die Vorschulklasse bereits innerhalb einer Grundschule stattfindet und identischen Verwaltungsstrukturen unterliegt. Die seit September 2006 amtierende schwedische Regierung plant außerdem, die Vorschulklasse als obligatorisches Schuljahr einzuführen.

Die Öffnungszeiten der meisten Vorschulen liegen zwischen 6:30 Uhr und 18:30 Uhr. Diese Öffnungszeiten decken einen Großteil der Nachfrage ab. Eine durchschnittliche schwedische Vorschule besteht aus drei Gruppen. Die Gruppen können altersmäßig unterteilt sein oder auch Kinder verschiedenen Alters in einer gemeinsamen Gruppe zusammenfassen. Der Personal-Kind-Schlüssel liegt landesweit seit mehreren Jahren konstant bei 5,4 Kindern pro Betreuungsperson in öffentlichen wie privaten Vorschulen (5,1 in der Tagespflege) bei einer durchschnittlichen Gruppengröße von 17 Kindern.[25] Es ist in Schweden üblich, Kinder mit Behinderungen oder besonderen Bedürfnissen in die Gruppen zu integrieren. Ähnliches gilt für Kinder mit Migrationshintergrund oder für zweisprachig aufwachsende Kinder. Ihnen wird ab dem Alter von drei Jahren zusätzliche Unterstützung in sowohl ihrer Muttersprache als auch Schwedisch angeboten. Die Teilnahme an der gewöhnlichen Betreuung ist für sie kostenlos, wodurch ebenfalls eine möglichst hohe Integration dieser Kinder angestrebt wird.

---

[24] Dies kann mit ein Grund dafür sein, dass Vier- bis Fünfjährige die am stärksten vertretene Altergruppe in Vorschulen bilden, doch praktisch liegen die Anteile der Kinder, die betreut werden, mit über 85 % schon ab der Gruppe der zweijährigen sehr hoch (vgl. OECD 2006b: 410).

[25] Gut jede vierte Vorschulgruppe (29 %) ist eine Kleinkindgruppe für Kinder zwischen null und drei Jahren. Knapp die Hälfte dieser Gruppen war im Jahr 2005 mit 14-16 Kindern belegt, 10 % zählten 17 oder mehr Kinder in der Gruppe (Skolverket 2006a: 33).

4 Finanzierung

Die Aufwendungen für das Bildungswesen sind in Schweden insgesamt hoch. Im internationalen Vergleich zeigt sich, dass Schweden bei fast allen Indikatoren über dem OECD-Durchschnitt liegt und zumeist einen der vorderen Plätze in der Gesamtreihenfolge belegt. Während im OECD-Mittel die durchschnittlichen Ausgaben für das gesamte Bildungswesen bei rund 6 % der kollektiven Bruttoinlandsprodukte liegen, liegt in Schweden dieser Anteil bei knapp 7 %.[26]

Die im Vergleich höheren Aufwendungen des schwedischen Staates für das Bildungswesen lassen sich auch im Elementarbereich erkennen. Hier liegt Schweden mit einer Aufwendung von knapp 2 % des BIP deutlich vor Deutschland mit unter 0,5 % (OECD 2006b: 105). Die Gesamtkosten für die schwedische Kinderbetreuung beliefen sich im Jahr 2005 auf etwa 5,4 Mrd. €. Über 75 % dieser Summe entfallen auf die Hauptbetreuungsformen Vorschule und Familientagesstätte (4,5 Mrd. €). Finanziert werden die weitgehend unter kommunaler Regie betriebenen Betreuungseinrichtungen durch den kommunalen Haushalt, staatliche Zuschüsse und Elternbeiträge. Durchschnittlich 10 % der Kosten für Kinderbetreuung werden durch Elternbeiträge gedeckt. Um die Kosten für Eltern einzudämmen und eine Obergrenze festzusetzen, wurde am 1. Januar 2002 ein nationales Gebührenlimit eingeführt. Zuvor wurden die Beiträge ohne Obergrenze prozentual vom Einkommen der Eltern berechnet. Heute ist festgelegt, dass die monatlichen Beitragskosten nicht mehr als ein bis drei Prozent des Familieneinkommens ausmachen und den Maximalwert von 1260 schwedischen Kronen (ca. 140 €) für das erste Kind in einer Vorschule oder Familientagesstätte nicht übersteigen dürfen.[27]

Der letztlich zu zahlende Elternbeitrag errechnet sich aus dem Haushaltsbruttoeinkommen, der Zahl der Kinder einer Familie, die in einer Einrichtung angemeldet sind, und der Verweildauer der Kinder in der Einrichtung. Für das zweite und dritte Kind reduzieren sich die Beiträge ebenso wie bei einem Besuch der Einrichtung von weniger als 15 Stunden pro Woche. An einem Beitrags-

[26] Deutschland liegt bspw. mit 5,3 % unter diesem Durchschnitt (OECD 2006a: 32). Aufschlussreich sind vor allem die anteilig an den Bruttoinlandsprodukten gemessenen Ausgaben pro Kopf in den jeweiligen Bildungsbereichen. Das Verhältnis der Bildungsausgaben je Schüler oder Studierendem zum Bruttoinlandsprodukt lässt sich als Indikator für den Anteil der Bildung an der allgemeinen Wohlstandsmehrung interpretieren. Im Primarbereich etwa werden in Schweden 25 % des BIP je Schüler aufgewendet. In Deutschland sind es 17 % (BMBF 2006: 17). Ein weiterer Indikator, der auf den Stellenwert der Bildung in Relation zu anderen öffentlichen Ausgaben hinweist, ist der Anteil der Bildungsausgaben an den Gesamtausgaben des Staates. Schweden liegt hier mit 13 % im OECD-Mittel, Deutschland mit knapp 10 % darunter (OECD 2006a: 36). Zu beachten ist dabei allerdings, dass in Deutschland Teile des dualen Ausbildungssystems durch die Wirtschaft mitgetragen werden, was zu einer Senkung der Staatsquote führt.

[27] Vgl. zur nationalen Kostenübersicht detailliert Skolverket (2005b; 2006b).

schema der Kommune Växjö lässt sich dieses System am Beispiel von Vorschule und Familientagesstätte veranschaulichen. Beide erheben denselben Beitrag.

Anwesenheit	**Mehr als 15 Stunden / Woche**			**Höchstens 15 Stunden / Woche**		
Beitragsgrundlage:	Kind 1	Kind 2	Kind 3	Kind 1	Kind 2	Kind 3
Monatseinkommen	3 %	2 %	1 %	2,50 %	1,50 %	1 %
Höchstbetrag (in €)	135	90	45	110	65	45

Tabelle 2: Beitragsschema der Kommune Växjö

Quelle: Växjö kommun (2006). Die Beträge wurden von SEK in Euro umgerechnet und gerundet (Wechselkurs vom 24.06.2008).

Viele Vorschulen bieten feste wöchentliche Zeitfenster für die „15-Stunden-Kinder" an (z.B. täglich drei Stunden am Vormittag oder an drei Tagen fünf Stunden), während die anderen Kinder dem Bedarf entsprechend betreut werden. Eine Sonderregelung gilt seit dem 1. Januar 2003 für alle Vier- und Fünfjährigen Kinder. Sie haben im Rahmen der „allgemeinen Vorschule", unabhängig von der Arbeitssituation der Eltern, einen Anspruch auf 15 Stunden kostenfreier Betreuung pro Woche (mindestens 525 Stunden pro Jahr). Für alle regulär in einer Vorschule angemeldeten Kinder ab vier Jahren, die mehr als 15 Stunden in Anspruch nehmen, reduziert sich der Beitrag während dieser letzten beiden Vorschuljahre um 30 % des ursprünglichen Beitrags.

5 Personalqualifikation

Die Qualifikation des Personals in vorschulischen Einrichtungen ist im Allgemeinen hoch. Über die Hälfte aller Beschäftigten in Vorschulen haben Universitätsabschlüsse und sind entweder ausgebildete Vorschullehrer/innen oder Freizeitpädagog/inn/en (in Freizeitheimen). Mehrjährige Lehrerstudiengänge mit einem entsprechenden Profil für Vorschulpädagogik können z.B. an der Lehrerhochschule in Stockholm, aber auch an einigen anderen Universitäten absolviert werden. Zusätzlich zu diesen beiden Berufsbildern findet sich im Kinderbetreuungssektor die Gruppe der Erzieher/innen, die einen Gymnasialabschluss mit entsprechendem Schwerpunkt absolviert haben.[28] Alternativ dazu kann ein spezielles, oft von den Kommunen selbst angebotenes Berufstraining absolviert werden (oft von Tageseltern). In einer Vorschule arbeiten Vorschullehrer/innen Hand in Hand mit Erzieher/inne/n, wobei erstere die pädagogisch Verantwortlichen sind. Die gesetzliche Wochenarbeitszeit im Kinderbetreuungssektor liegt bei 40 Stunden.

6 Integrierte und flexible Angebote

Unter „integrierten Angeboten" lässt sich im weitesten Sinne eine Kombination von Gesundheitsvorsorge, Sozial- oder Familienfürsorge und Kinderbetreuung in einer Einrichtung verstehen. Ansätze dafür finden sich auch in Schweden, doch aufgrund unterschiedlicher rechtlicher Zuständigkeiten sind die Integrationspotenziale begrenzt. Gesundheitsvorsorge fällt in Schweden in die Zuständigkeit des Ministeriums für Gesundheit und Soziales, während der Kinderbetreuungssektor im Ministerium für Bildung und Forschung angesiedelt ist. Im Krankheitsfall oder zur medizinischen Vorsorge suchen Kinder mit ihren Eltern ein lokales allgemeines Gesundheitszentrum auf, in denen sich zumeist eine gesonderte Abteilung für Kinder und Mütter befindet (*barnavårdscentralen* BVC; etwa 2000 dieser Abteilungen finden sich in Schweden). Hier erhalten die Kinder Impfungen und alle Arten von medizinischer Betreuung. Entweder kann die notwendige Behandlung direkt vor Ort erfolgen, oder es erfolgt die Überweisung an einen Spezialisten. Für Eltern werden zudem Informationen und Hinweise zu allen Bereichen angeboten, die Gesundheit und das Aufwachsen des Kindes sowie die eigene Elternrolle betreffen. Die Gesundheitszentrale als solche übernimmt damit die Funktion eines zentralen Informationsplatzes, an dem Kontakt zu Müttern geknüpft und eine Vertrauensbasis geschaffen wird. Diese kann als Ausgangspunkt für weitere eltern-kind-bezogene Leistungen oder den Kontakt zu Elterngruppen dienen, über die Eltern problembezogene Hilfe und Unterstützung bekommen können.

Häufig werden die Anlaufpunkte der Gesundheitszentralen in so genannte Familienzentren (*familjecenter*) eingebettet. In diesem Konzept werden Angebo-

---

[28] Zu den verschiedenen wählbaren nationalen Programmen im Rahmen der schwedischen Gymnasialausbildung vgl. http://www.skolverket.se/sb/d/374/a/1217. Das dreijährige „Child and Recreation programme" (Barn- och fritidsprogram) bildet mit entsprechender Schwerpunktsetzung Kindertagesbetreuer aus.

te, die speziell auf die Bedürfnisse von Müttern mit Kindern zugeschnitten sind, an einem Ort gebündelt und so der niederschwellige Zugriff auf verschiedene Leistungen erleichtert. Oft findet man in solchen Zentren eine medizinische Mutter-Kind-Betreuung, eine Stelle des Sozialdienstes sowie eine offene Vorschule. Ziel dieser Einrichtungen ist es, beim Knüpfen eines wohnortnahen sozialen Netzwerkes zu helfen, Problemen vorzubeugen, zu informieren und zu unterstützen. Das „Araby Familjecenter" in der Stadt Växjö ist ein Beispiel für eine solche Kooperation. Sie besteht aus verschiedenen Sozialdiensten, einem Ansprechpartner der lokalen Kinder- und Jugendverwaltung, einer Schwangerschaftsbetreuung für Mütter, einem Gesundheitsdienst für Kinder und einer offenen Vorschule. Das Angebot richtet sich an Familien mit Kindern von 1-12 Jahren. Die Idee der Familienzentrale in diesem einwanderungsstarken Viertel der Stadt ist es, die unterschiedlichen Angebote zusammenzufassen und die Kontaktaufnahme zu erleichtern.[29] Das Angebot der Familienzentren kann je nach Kommune variieren, gemeinsam ist ihm der Gedanke, verschiedene familienbezogene Leistungen zu integrieren.

Dass eine institutionalisierte Kooperation zwischen rein medizinischen Bereichen und den eigentlichen Vorschulen nicht üblich ist, hat neben der datenschutzrechtlichen Frage auch damit zu tun, dass die schwedische Vorschule einen stärker bildungs- und entwicklungsbezogenen Auftrag verfolgt. Die sich dabei für die Kinder einstellende psychische und physische Stabilität liegt im Interesse der Vorschulpädagogik ebenso wie der Gesundheitsvorsorge, doch Anlaufstelle und Sammelplatz für weitergehende soziale Dienste ist die Vorschule im derzeitigen Konzept nicht. Im Rahmen ihrer allgemeinen Verpflichtung für das Wohlergehen der Kinder können die Angestellten der Vorschulen natürlich Bedenken über den Zustand eines Kindes äußern, das Gespräch mit den Eltern suchen und Maßnahmen vorschlagen.

Im Bereich flexibler Angebote wird in Schweden generell die politische Strategie verfolgt, ein zeitlich umfassendes Angebot an Betreuungsdienstleistungen zu schaffen. Dies betrifft den gesamten Kinderbetreuungssektor von 1-12 Jahren. Eltern soll die Sicherheit gegeben werden, dass ihren Kindern in Zeiten, in denen sie aufgrund ihrer Berufstätigkeit nicht selbst für sie sorgen können, eine angemessene und qualitativ gute Betreuung zuteil wird. Die Ermöglichung von Berufstätigkeit der Eltern und die Gewährleistung pädagogisch hochwertiger Betreuung ist damit der Kern dieses „dual-purpose approach". Um dieses Ziel nahe zu kommen wird versucht, die Öffnungs- und Betreuungszeiten der Einrichtungen soweit wie möglich den durch die Arbeitszeit der Eltern entstehenden Bedarfen anzupassen und eine breite Basis für zeitlich flexible Betreuungsbedar-

[29] Vgl. http://www.ltkronoberg.se/templates/LTKPageWithPicture.aspx?id=6847

fe zu schaffen. Flexibilität besteht darin, dass Kinder den wöchentlichen Bedarfen ihrer Eltern entsprechend in Einrichtungen angenommen werden. In dieser Hinsicht besteht ein Entgegenkommen von Seiten der Einrichtungen für wechselnde Bedarfe, so lange diese im Rahmen der regulären Öffnungszeiten liegen.

Der Terminus „Flexibilität" als solcher wird in Schweden deshalb weniger hervorgehoben, weil er nicht wie in anderen Fällen als Bezeichnung für besondere Regelungen dient, die über ein bestimmtes Maß an Betreuung hinausgehen, sondern weil er in das bereits bestehende Betreuungskonzept einer relativ breiten Zeitspanne, innerhalb welcher Betreuung möglich ist, eingeht. Die derzeitigen Rahmenbedingungen haben oftmals den Gedanken an Flexibilität schon inhärent.

Ein noch nicht flächendeckend gelöstes Problem stellt dabei allerdings die flexible Betreuung vor allem zu atypischen Zeiten dar, für die es keine direkte Regelung gibt. Als Reaktion auf den politischen Wunsch, Eltern die Möglichkeit zu einer Erwerbstätigkeit zu geben, die oft auch Arbeitszeiten an Abenden oder Wochenenden umfasst, liegt daher eine Bestrebung darin, die Kommunen zu dieser Form des Angebots zu verpflichten. Tatsächlich können die derzeitigen Öffnungszeiten nicht vollständig die individuellen Bedarfe decken. Besonders die Gruppe junger allein erziehender Mütter ist von dem Unterangebot zu atypischen Zeiten betroffen. Nur in einzelnen Fällen gibt es Kooperationen zwischen Tagesmüttern und Vorschulen, die alle nachgefragten Zeiten abdecken.

6.1 Öffnungszeiten

Die Öffnungszeiten der meisten Vorschulen in Schweden liegen zwischen 6:30 Uhr und 18:30 Uhr. Innerhalb dieser Zeiten besteht die Möglichkeit, die Anwesenheit des Kindes in der Einrichtung mit den Arbeitszeiten der Eltern abzustimmen, d.h., es wird versucht, den Bedarfen der Eltern mit unterschiedlichen Zeitarrangements entgegenzukommen.

In der Praxis ist durch die 12-stündige Standardöffnungszeit der Bedarf der Eltern bereits zu einem großen Teil gedeckt. Dennoch können natürlich Bedarfe für flexibilisierte Betreuungszeiten entstehen, die die regulären Öffnungszeiten überschreiten. Dies ist vor allem dann der Fall, wenn ein allein erziehender Elternteil oder beide Eltern einer Schichtarbeit nachgehen und an Abenden, über Nacht oder am Wochenende arbeiten. Flexibilisierte Betreuung bedeutet in diesem Fall eine Anpassung der Betreuungszeiten an atypische Arbeitszeiten der Eltern. Als daran anknüpfende atypische Betreuungszeiten werden in Schweden Bedarfe von ca. 19:00 Uhr bis 6:30 Uhr sowie an Wochenenden bezeichnet. Das Angebot für diese Abend-, Nacht- oder Wochenendbetreuung ist nicht flächendeckend: In einer im Jahr 2003 durchgeführten landesweiten Untersuchung gaben 52 % aller 290 schwedischen Kommunen an, Betreuung zu diesen Zeiten anzubieten (zumeist in über die Nacht geöffneten Vorschulen und in größeren Städten). Eine Zusammenarbeit zwischen tagesgeöffneten Vorschulen und bspw. Tageseltern ist nicht üblich. Für Eltern bleibt die zusätzliche Inanspruchnahme einer Tagesmutter eine individuelle Option. Besonders in ländlichen Gebieten wird aufgrund der Infrastruktur die Lösung bevorzugt, das Kind im Bedarfsfall bei der Tagesmutter übernachten zu lassen. Auf diese Alternative entfallen 6 % der Kinder, die zu einer Form der Nachtbetreuung angemeldet sind. 104 der 140 verbleibenden Kommunen, die keine Betreuung an Abenden oder Wochenenden anbieten gaben an, dass während dieser Zeiten kein Bedarf bestünde. Schätzungen der Schulbehörde zufolge gibt es dennoch einen ungedeckten Bedarf in etwa 60 Kommunen. Dieser Bedarf lässt sich auf etwa 300-400 fehlende Plätze landesweit beziffern. Im Jahr 2003 waren etwa 1700 Kinder im Vorschulalter und 1200 Kinder im Schulalter bis zu zwölf Jahren für einen Platz zur Nacht- oder Wochenendbetreuung angemeldet. 95 % der Kinder, die Nacht- oder Wochenendbetreuung in Anspruch nahmen, waren auch für einen regulären Platz angemeldet (Skolverket 2003).

6.2 Verantwortung, pädagogische Ansätze, Qualität im Vorschulsektor

Verantwortlich für die Schaffung und Entwicklung eines lokalen Schul- und Betreuungsnetzes (Infrastruktur), die Verteilung von Ressourcen und die Einstellung und Beschäftigung entsprechend qualifizierten Personals ist die kommunale Schul- und Kinderbetreuungsverwaltung (*skol- och barnomsorgsförvaltning*). Ihr obliegt darüber hinaus die Entwicklung kommunaler Schulpläne. Die Einrichtungen selbst erarbeiten im Anschluss daran eigene, individuelle Arbeitspläne. In den Schul- und Arbeitsplänen werden in zunehmender Konkretisierung pädagogische und inhaltliche Ziele und Arbeitsabläufe formuliert, die die lokale Arbeit regulieren und prägen. Als Orientierungsrahmen für die Arbeitspläne dienen nationale Curricula, die in Ergänzung zum formalen Rahmen des Schulgesetzes die wichtigsten Steuerungsdokumente für die praktische Arbeit darstellen. Damit ist das schwedische Kinderbetreuungssystem sowohl durch übergreifende nationale als auch durch lokale Steuerdokumente geprägt. Diese Strategie erlaubt es, auf gemeinsamen verbindlichen Prinzipien aufbauend eine dezentrale Betreuungsstruktur zu schaffen, in der die Kommunen Spielräume bei der Gestaltung ihrer Arbeit haben. Zuständig für die Überprüfung dieser Praxis, die Einhaltung der Vorgaben und die Feststellung landesweiter Qualitätsstandards ist die nationale Schulbehörde *Skolverket*. Die Behörde ist verantwortlich für Monitoring, Evaluation und die kontinuierliche Erfassung der Arbeit im Betreuungssektor.[30]

Das schwedische Bildungs- und Betreuungssystem ist ein zielorientiertes System. Die in nationalen Steuerungsdokumenten formulierten Punkte sind als Zielvorgaben zu verstehen, die dann in kommunalen Schulplänen und institutionenbezogenen Arbeitsplänen auf einer lokalen Konzeption umgesetzt werden. Die schwedische Regierung hat für die praktische Orientierung in allen Schulformen im Anschluss an das Schulgesetz drei nationale Curricula verfasst, in denen pädagogische und bildungsbezogene Ziele und Richtlinien formuliert sind:

- den nationalen Lehrplan für die Vorschule (für Kinder von 1-5 Jahren),
- für die Vorschulklasse und das obligatorische Schulsystem (Klassen 1-9) und
- für das nicht-obligatorische Schulsystem (Gymnasium, Klassen 10-12)

Die Lehrpläne sind als schulpraktische Ergänzungen zum Schulgesetz zu verstehen und stellen in der Steuerungskette des schwedischen Bildungs- und Betreuungssystems die zentrale Orientierungsgröße dar. Alle lokalen Bildungsinstitutionen, von der Vorschule bis zum Gymnasium, sind dazu verpflichtet, diesen Lehrplänen zu folgen. Durch sie wird landesweit eine höhere Kohäsion des Bildungsbegriffs angestrebt, um trotz der institutionellen Differenzierung nach Alter und Art der Betreuung den Ausgangspunkt für die spezifische Arbeit in den verschiedenen Bereichen des Bildungssystems in gemeinsamen Prinzipien zu fundieren. Zusammen stehen sie für ein 20 Jahre umfassendes Bildungssystem.

Der Lehrplan für die Vorschule (*Läroplan för förskolan*, abgekürzt mit „lpfö 98“) trat am 1. Januar 1998 in Kraft. Als zentrales Steuerdokument der Vorschulen übernimmt er zunächst eine wichtige formale Funktion. Er stärkt den Status der Vorschulen und betont ihre grundlegende Rolle als eigene Schulform im schwedischen Bildungssystem. Darüber hinaus ist der Lehrplan vor allem für das Selbstverständnis der Vorschulen bedeutsam und gedanklich richtungsbestimmend. In ihm werden grundlegende Prinzipien sowie zentrale Absichten und Ziele der schwedischen Vorschulpädagogik formuliert. Ausgehend von der natürlichen Neugier des Kindes und seinem Willen, die es umgebende Welt aktiv zu erforschen, soll die Vorschule die Kinder durch pädagogisch stimulierende Aktivitäten darin unterstützen, ihre Eigenaktivität und -kreativität zum Lernen

[30] http://www.skolverket.se. Skolverket hat eine umfangreiche Datenbank mit Publikationen und Statistiken zu allen vorschulrelevanten Thematiken aufgebaut, darunter jährliche Berichte über die Gesamtsituation der Kinderbetreuung und praktische Handreichungen zu notwendigen Entwicklungen und Verbesserungen. Ein großer Teil dieser Dokumente ist online auch in englischer Sprache zugänglich.

einzusetzen und zu entwickeln. Das Konzept der Vorschule richtet sich in dieser Hinsicht nach der in Schweden schon lange vertretenen Idee, dass ein früher und spielerischer Zugriff auf soziale und bildungsbezogene Themen Kindern die bestmöglichen Voraussetzungen für ihre gesamte spätere Entwicklung gibt und den Grundstein für die Fähigkeit zu einem lebenslangen Lernen legt:

> Die Vorschule soll die Grundlage für ein lebenslanges Lernen legen. Die Vorschule soll für alle Kinder ein angenehmer, sicherer und lehrreicher Ort sein. Die Vorschule soll pädagogische Aktivitäten versammeln, in denen Betreuung, Pflege und Lernen ein kohärentes Ganzes bilden. In Zusammenarbeit mit dem häuslichen Umfeld soll die Entwicklung der Kinder zu verantwortungsbewussten Personen und Mitgliedern der Gesellschaft gefördert und unterstützt werden. Die Vorschule soll Familien in ihrer Erziehungsrolle unterstützen und ihnen beim Aufwachsen und bei der Entwicklung ihrer Kinder helfend zur Seite stehen. Die Aufgabe der Vorschule liegt darin, mit Hilfe der Eltern jedem Kind die Möglichkeit zu geben, sich im Verhältnis zu seinem individuellen Potenzial zu entwickeln. (Lpfö98: 4 f.; eigene Übersetzung)

Neben entwicklungspädagogischen Aspekten wie der Förderung praktisch-motorischer Fähigkeiten und des sprachlich-musischen Ausdrucksvermögens wird vor allem die Wahrung und Weitergabe demokratischer Werte als eine der fundamentalen Aufgaben der Vorschule verstanden, womit hauptsächlich auf humanistische Werte wie das Anerkennen der Gleichwertigkeit aller Menschen, Offenheit und Respekt gegenüber Anderen und Solidarität Bezug genommen wird.

Auf Basis solcher allgemeinen Lehrplanziele formulieren die Vorschulen ihr eigenes inhaltliches Profil – ihren lokalen Arbeitsplan. Das Profil gibt Auskunft darüber, aus welchen Aktivitäten sich die Arbeit in der Vorschule zusammensetzt und wie dabei das pädagogische Verhältnis zum Kind gestaltet wird.

Um über die Steuerungskette von Schulgesetz und Lehrplänen hinweg die Qualität auf lokaler Ebene zu sichern, besteht sowohl für einzelne Schulen als auch für die jeweils verantwortliche Kommune die Verpflichtung, jährliche Qualitätsberichte (*kvalitetsredovisningar*) vorzuweisen. Eine entsprechende Erweiterung des Schulgesetzes, die die Einrichtungen der Kinder- und Schulkinderbetreuung in diese Verpflichtung mit einschließt, trat zum 1. April 2005 in Kraft.

Der im Bezug auf das schwedische Betreuungssystem Verwendung findende Qualitätsbegriff definiert Qualität als das Maß, in dem die national verankerten Ziele erreicht werden, also die allgemeinen pädagogischen Zielvorgaben, die die Vorschule ihrem Prinzip nach anstrebt. Qualitätsarbeit wird daran anschließend verstanden als die kontinuierliche Identifikation und Durchführung systematischer Verbesserungsmaßnahmen von Kommunen und Einrichtungen, um diesen Zielen näher zu kommen (Skolverket 2005c: 9). Dokumentation, pädagogische Auswertung und praktische Maßnahmen stehen in einem Kreislauf der „systematischen Qualitätsarbeit“. Dafür bilden die schriftlichen Qualitätsberichte der Einrichtungen die Grundlage. Sie fassen den gesamten Prozess der Qualitätsarbeit zusammen. Als Instrumente zur Darlegung und Überprüfbarkeit der Praxis enthalten sie

- Sachangaben zur jeweiligen Einrichtung,
- eine Beschreibung der Ziele und Konzepte (lokaler Arbeitsplan),
- die Dokumentation der durchgeführten Arbeit des Vorjahres,
- eine Bewertung der Erfüllung der zuletzt gesetzten Ziele und
- den Beschluss von Maßnahmen in Form eines Handlungsplans.

Die so zusammengestellten Informationen bilden die Grundlage für den Dialog zwischen der Leitungsebene der Einrichtung und ihren Mitarbeitern sowie zwischen Einrichtungen und Kommune. Die Berichte dienen damit als Kommunikationsinstrument zwischen politischer Steuerung (curriculare Rahmenvorgaben) und pädagogischer Praxis. Die Kommunen sind übergreifend dafür verantwortlich, die Qualitätsarbeit im Ganzen zu steuern und zu fördern und auf Ebene der Einrichtungen die Voraussetzungen für die Dokumentations- und Analysefähigkeit zu schaffen.

Seit 2001 werden die kommunalen Berichte auch durch die nationale Schulbehörde *Skolverket* überprüft. In einem umfassenden Jahresbericht beurteilt die Behörde daraufhin die Gesamtsituation im System der Kinderbetreuung (Skolverket 2005d; 2006a). Mit Blick auf die Dokumentationspraxis bemängelt sie in ihrem Bericht aus dem Jahr 2006, dass die kommunalen Qualitätsberichte von sehr unterschiedlichem Niveau seien und es nicht immer erlaubten, ein verlässliches Bild über die Gesamtqualität des Betreuungsangebots in der Kommune zu erhalten. Da die Qualitätsberichte jedoch besonders auf kommunaler Ebene ein politisches Entscheidungsinstrument darstellen, müsse ihre Systematik und Aussagekraft in Zukunft gesteigert werden (Skolverket 2006a: 203-213). Hinweise zur Qualität im Vorschulsektor und ergänzendes Kommentarmaterial, das Kommunen und Einrichtungen in ihrer Dokumentation unterstützen soll, wurden von der Behörde ausgearbeitet (Skolverket 2005c, 2006c).

Ihrer Form und Funktion nach sollen die Qualitätsberichte jedoch nicht bloß Rechenschaft nach außen abgeben, sondern auf Ebene der Einrichtungen und in der Arbeit mit den Kindern eine verstärkte Selbstreflexion anregen. Der reflektierende Eigenanteil der Mitarbeiter/innen an der pädagogischen Qualität einer Einrichtung wird auf diese Weise erhöht. Aus den Qualitätsberichten schließlich, die in dieser Hinsicht auch ein Instrument der kritischen Selbsthinterfragung darstellen, lassen sich unterschiedliche Handlungsbedarfe für Einrichtung,

Kommune und Staat herauslesen. Wissenschaftliche Sekundäranalysen und Qualitätsindikatoren aus quantitativen Übersichtsstudien wie Gruppengröße und Personalschlüssel geben ergänzende Informationen. Das Ineinandergreifen verschiedener Evaluationsebenen und -instrumente ergibt so ein von mehreren Seiten informiertes Bild des Qualitätszustands im Vorschulsektor.[31]

7 Praxisbeispiel

Wie die meisten öffentlichen Vorschulen hat auch die 1978 gegründete *Öjaby-Vorschule* in der südschwedischen Stadt Växjö wochentags von 6:30 Uhr -18:30 Uhr geöffnet.[32] Dabei wird dic Strategie verfolgt, die Betreuungszeiten im Rahmen dieses Kernangebotes so weit wie möglich den Bedarfen von Eltern und Kindern anzupassen. Zu diesem Zweck füllen die Eltern ein wöchentliches Arbeitszeitschema aus. Die Anwesenheit des Kindes in der Einrichtung kann mit Hilfe des so ermittelten Betreuungsbedarfes flexibel geregelt werden. Angenommen werden Kinder prinzipiell zu jeder Tageszeit. Die zentralen pädagogischen Aktivitäten werden allerdings über den Vormittag hinweg gruppiert. Dies hat den Hintergrund, dass manche Kinder für einen 15-Stunden-Platz (der zumeist auf Vormittage verteilt ist) in der Einrichtung angemeldet sind. So haben sie ebenfalls die Möglichkeit, entsprechende Angebote wahrnehmen zu können. Die Öjaby-Vorschule hat hierbei neben ihrem allgemeinen pädagogischen Auftrag als Betreuungs- und Bildungseinrichtung ein spezialisiertes Profil entwickelt, das ihre inhaltlichen Aktivitäten prägt. .In der Öjaby-Vorschule liegt daher ein thematischer Schwerpunkt im Bereich der Förderung der Schreib- und Lesefähigkeit („Schreib- und Lesefreude"). Das priorisierte Ziel ist, in der Vorschule ein Milieu zu schaffen, das das Interesse der Kinder an Schrift und Sprache schon im jungen Alter spielerisch stimuliert und so das Kommunikationsvermögen systematisch steigert.

Im Schuljahr 2005/06 wurden in der Vorschule ca. 70 Kinder in vier Gruppen betreut. Es gibt eine Kleinkindgruppe für Kinder von 1-3 Jahren, zwei Gruppen mit drei- bis fünfjährigen Kindern und eine Gruppe mit Kindern von 1-5 Jahren. Die Gruppen der Drei- bis Fünfjährigen umfassen je 22 Kinder. Die Betreuung dieser Gruppen wird von einem Team aus drei bzw. vier Pädagog/inn/en übernommen, die jeweils drei volle Stellen besetzen. Die altersgemischte Gruppe von 1-5 Jahren umfasst 17 Kinder und wird von drei Pädagog/inn/en (2,5 Stellen) betreut. Die Kleinkindgruppe ist mit zwölf Kindern bei ebenfalls drei Päda-

[31] Vgl. zum Qualitätsdiskurs im schwedischen Vorschulsektor ausführlich Sheridan (2001).

[32] Basisinformationen zur Vorschule finden sich unter www.skolweb.vaxjo.se. Weitere Informationen wurden im Herbst 2006 in Gesprächen mit der Rektorin und einer Lehrerin der Schule gesammelt.

gog/inn/en (2,5 Stellen) die kleinste Gruppe. Das Besondere an dieser Verteilung ist die Personalflexibilität. Die einzelnen Angestellten arbeiten nicht nach einem festen Arbeitsplan, sondern sie passen sich den jeweiligen Betreuungsbedarfen an. Auf diese Weise kann die Besetzung und Verteilung der Lehrer/innen auf die Gruppen an Stoßzeiten mit vielen Kindern angepasst werden.

Die meisten Kinder werden von ihren Eltern zwischen 8:00 Uhr und 9:00 Uhr morgens in die Einrichtung gebracht und zwischen 15:00 Uhr und 16:30 Uhr wieder abgeholt. Die Einrichtung wird frühmorgens von einer Mitarbeiterin/einem Mitarbeiter geöffnet. Mit Ankunft des größten Teils der Kinder am Morgen komplettiert sich das Personal. Die individuell abgestimmten Betreuungszeiten haben zur Folge, dass die Personalplanung von der Auslastung der Einrichtung zu den verschiedenen Tageszeiten bestimmt wird. Am Arbeitsplan einer der Abteilungen für Drei- bis Fünfjährige lässt sich dies veranschaulichen: Von den vier Pädagoginnen dort arbeitet eine in Vollzeit, zwei weitere besetzen eine 75 %-Stelle und eine arbeitet halbtags. In einem Wochenplan sind die jeweiligen Arbeitszeiten geregelt. Die erste Mitarbeiterin öffnet um 6:30 Uhr oder 7:00 Uhr, die nächsten folgen um 8:00 Uhr und 9:00 Uhr. Der 9:00 Uhr-Dienst ist gleichzeitig für die Schließung der Einrichtung verantwortlich. Während die früheste Schicht also von ca. 7:00 Uhr bis 14:00 Uhr andauert, arbeitet am selben Tag eine der Kolleginnen von 8:00 bis 16:00 Uhr und eine weitere von 9:00 Uhr bis 17:30 Uhr (die individuelle Wochenarbeitszeit ist dabei natürlich auch abhängig vom Umfang der Stelle). Die Arbeitszeiten variieren sowohl wöchentlich als auch innerhalb einer Woche, so dass keine Person einen „festen" Dienst hat. Durch eine dynamische Dienstplangestaltung werden in den weniger betreuungsintensiven Randzeiten Ressourcen geschont, um an anderen Stellen Abläufe zu entzerren und Räume für außerbetreuerische Tätigkeiten wie z.B. Bildungsdokumentation zu schaffen.

8 Zusammenfassung und Ausblick

Als hervorstechendes Merkmal der schwedischen Kinderbetreuung ist ihre starke formale Verankerung im Bildungssystem, die hohe Dichte an Betreuungseinrichtungen sowie daran gekoppelt eine hohe Bedarfsdeckung zu nennen. Die Übertragung in das Bildungssystem führte zu einer beträchtlichen Ausweitung des Betreuungsangebots durch staatliche Förderung, denn als praktisch gleichgestellter Teil des öffentlichen Bildungswesens sind allgemeine Zugänglichkeit und Bedarfsdeckung oberster Leitsatz. Durch die Gewährung eines frühen Einstiegsalters, die zeitlich flexible Deckung unterschiedlicher Betreuungsbedarfe, reformierte Regelungen für eine weitgehend barrierefreie Zugänglichkeit sowie Inanspruchnahme und die Limitierung des Selbstkostenanteils an der Betreuung ist Kinderbetreuung in Schweden für die meisten Familien mit kleinen Kindern zu einem festen Bestandteil des Alltags geworden. Der Einfluss dieser Faktoren spiegelt sich in den hohen Betreuungszahlen wider.

Die politische Strategie einer hohen Bedarfsdeckung als familienunterstützendes, pädagogisches Angebot ermöglicht Eltern zudem, in höherem Umfang am Erwerbsleben teilzunehmen. Besonders Frauen profitieren davon. Nicht nur hat sich seit den 70er-Jahren die Zahl der Frauen am Arbeitsmarkt kontinuierlich erhöht. Auch liegt der Anteil erwerbstätiger Frauen mit Kindern unter sechs Jahren in Schweden deutlich über dem in Deutschland.[33] In keinem anderen OECD-Land fällt zudem der Anteil der aktiv am Erziehungsurlaub teilnehmenden Männer so hoch aus wie in Schweden. Die emanzipative Elternzeitregelung, die Väter aktiv ermuntert, am Erziehungsurlaub teilzunehmen, kann in gesellschaftlicher Hinsicht daher auch als Maßnahme verstanden werden, das Verständnis der Gleichstellung in der Partnerschaft positiv zu beeinflussen.

Neben der bildungs- und familienpolitischen Betonung der Kinderbetreuung und ihrer institutionellen Praxis ist vor allem die Arbeit an transparenten Richtlinien zur Schaffung, Reflexion und Sicherung von Qualität in der Betreuung als zentrales Merkmal des schwedischen Betreuungssystems zu sehen.

Der wichtigste Meilenstein auf pädagogischer Ebene ist der seit 1998 geltende Lehrplan für das Vorschulwesen. Im Anschluss an ein ganzheitliches, komplexes Verständnis von kindlichem Wissen und Lernen wird die Vorschule dort als stützendes Komplement in der Entwicklung des Kindes konzipiert. Als Steuerungsdokument steht der Lehrplan vor allem für eine gestiegene Bewusstheit und Reflexivität der pädagogischen Praxis. Nach Einschätzung von Rektor/inn/en und Vorschullehrer/inne/n stellt er einen wichtigen Schritt für die Professionalisierung der Vorschulpädagogik dar. Die Ausformulierung von Zielen und Aufgaben biete ein wichtiges Orientierungswissen, gebe Planungshilfen für die Operationalisierung der Ziele und trage zur Transparenz der Arbeit bei.[34]

Fixiert werden die Arbeitsprozesse in Qualitätsberichten der Vorschulen. Sie geben zum einen Auskunft über die operative inhaltliche Gestaltung der curricularen Rahmenvorgaben, zum anderen fungieren sie als Instrumente zur Qualitätsdokumentation und -entwicklung. Die Berichte übernehmen somit die doppelte Funktion einer institutionalisierten Reflexion nach innen und der schriftlichen Kommunikation nach außen. Ergänzend zu den lokalen und kom-

---

[33] In Schweden sind dies 76,6 % (20,8 % von ihnen in Teilzeit). In Deutschland sind es 42,3 % (28,3 % in Teilzeit). Vgl. OECD (2006b: 333, 408).

[34] Eine begleitende Studie der Schulbehörde zu Einführung und Rezeption belegt, dass das Curriculum von Verwaltung, Vorschulrektor/inn/en und Personal positiv aufgenommen wurde (Skolverket 2004).

munalen Qualitätsberichten gibt *Skolverket* eine jährliche Beurteilung des Vorschulsystems heraus und führt eigenständig Studien zur Qualität im Vorschulsektor durch. Die Mehrstufigkeit dieses Qualitätssystems und seine unterschiedlichen Fokussierungen sowohl auf quantitative Struktur- oder Finanzdaten sowie auch auf prozessorientierte pädagogische Fragestellungen bieten ein effektives System der Qualitätskontrolle.

Gleichzeitig sieht sich Schweden auch mit Problemen im Betreuungssektor konfrontiert. Eine Gefahr wurde etwa darin gesehen, dass die gesetzliche Integration von Kinderbetreuung und Schulwesen stellenweise zu einer zu starken „Verschulung" des Betreuungsangebotes führen kann, was dem traditionell spielerischen Zugriff auf die kindliche Entwicklung im Vorschulkontext zuwiderlaufen würde. Andere Probleme sind eher formaler Natur. So liegt der Fokus des Betreuungsangebotes weiterhin auf Wochentagen und nicht auf verstärkt auftretenden atypischen Zeiten wie an Abenden oder Wochenenden. Besonders allein erziehende Mütter sind von diesem Problem betroffen. Die Dokumentation wird nicht in allen Fällen mit der notwendigen Klarheit und Zuverlässigkeit betrieben. Die Quote von männlichen Angestellten im Betreuungssektor ist nach wie vor sehr niedrig, was sowohl von Praktikern als auch auf Steuerungsebene als problematisch empfunden wird (zumal der nationale Lehrplan fordert, mit den Kindern ein unvoreingenommenes Geschlechter- und Rollenbild zu entwickeln). Trotz einer insgesamt hohen Bedarfsdeckung und guter nationaler Durchschnittswerte sind die regionalen Unterschiede gerade bei Indikatoren wie der Gruppengröße sehr groß, die Platzgarantie als solche kann aktuell schon in manchen Kommunen oder Städten nicht erfüllt werden (Skolverket 2006a: 25-37).

Diese Problemlagen bedürfen in Schweden einer weiteren Bearbeitung. Aus ihnen leitet sich gleichzeitig der primäre Veränderungsbedarf zur Verbesserung der Kinderbetreuung ab. Zu nennen sind hier vor allem die Schaffung weiterer Betreuungsplätze, Betreuerstellen sowie eine ausgeglichenere Geschlechterverteilung. Um ein ausreichendes Platzangebot und ein wünschenswertes Betreuungsverhältnis aufrechterhalten zu können, verabschiedete die schwedische Regierung im Jahr 2004 über drei Jahre gestufte finanzielle Zuschüsse an die Kommunen zur Anstellung von 6000 zusätzlichen Lehrer/inne/n. Insgesamt wird zudem angestrebt, mehr junge Menschen zu einem Lehrerstudium mit Schwerpunkt Vorschulpädagogik zu bewegen, um so überhaupt eine ausreichende Zahl junger Lehrer/innen vor allem in bestimmten Landesteilen, die bisher unterbesetzt waren, bereitstellen zu können. Auf der konkreten Betreuungsebene sehen Staat und Schulbehörde die Notwendigkeit, das Bewusstsein für die Gleichbehandlung aller Kinder zu verbessern und die Fähigkeit weiter zu verbessern, die curricularen Vorgaben in praktische Konzepte umzusetzen.

9 Literatur

BMBF (2006): Zusammenfassung der OECD-Veröffentlichung „Bildung auf einen Blick" 2006. http://www.bmbf.de/pub/bildung_auf_einen_blick_06_wesentliche_aussagen.pdf

Education Act (2000): Education Act. Issued by the Ministry of Education, Research and Culture. http://www.sweden.gov.se/content/1/c6/02/15/38/1532b277.pdf

Eurydice (2006a): Sweden. National summary sheets on educations systems in Europe and ongoing reforms. http://www.eurydice.org/portal/page?_pageid=257,167672&_dad=portal&_schema=PORTAL&countryCode=SE&regionCode=null

Eurydice (2006b): The Education System in Sweden 2005/2006. http://194.78.211.243/Eurybase/Application/frameset.asp?country=SW&language=EN

Försäkringskassan (2006): Föräldrapenning. Broschyr. http://www.fk.se/pdf-broschyr/faktablad/fp.pdf

Lpfö 98 (2006): 1998 års läroplan för förskolan. Stockholm: Skolverket. http://www.skolverket.se/sb/d/468

OECD (2006a): Education at a glance. OECD indicators 2006. Executive Summary.

OECD (2006b): Starting Strong II: Early Childhood Education and Care. Paris: OECD

Sheridan, Sonja (2001): Pedagogical Quality in Preschool. An issue of perspectives. Diss. Göteborg

Skolverket (2003): Barnomsorg på obekväm arbetstid. http://www.skolverket.se/publikationer?id=1146

Skolverket (2004): Pre-school in transition. A national evaluation of the Swedish pre-school. http://www.skolverket.se/publikationer?id=1378

Skolverket (2005a): Child care in Sweden. http://www.skolverket.se/sb/d/354/a/944

Skolverket (2005b): Avgifter i förskola och fritidshem 2004. http://www.skolverket.se/publikationer?id=1407

Skolverket (2005c): Allmänna råd och kommentarer. Kvalitet i förskolan. http://www.skolverket.se/publikationer?id=1397

Skolverket (2005d): Barnomsorg och skola 2005. Rapport till regeringen. http://www.skolverket.se/publikationer?id=1517

Skolverket (2006a): Skolverkets Lägesbedömning 2006. http://www.skolverket.se/content/1/c4/73/41/Lagesbedomning_2006.pdf

Skolverket (2006b): Kostnader Riksnivå. Sveriges officiella statistik om förskoleverksamhet, skolbarnomsorg, skola och vuxenutbildning. http://www.skolverket.se/sb/d/1231

Skolverket (2006c): Allmänna råd och kommentarer. Kvalitetsredovisning. http://www.skolverket.se/publikationer?id=1613

Socialstyrelsen (2006): Social Rapport 2006. http://www.socialstyrelsen.se/NR/ rdonlyres/6BA28164-0E48-4F40-951B-181A84A2E74A/0/20061111.pdf

Svenska Institutet (SI) (2004): Child Care in Sweden. Fact Sheets on Sweden. Stockholm: Svenska Institutet. http://www.sweden.se/templates/cs/BasicFactsheet____4132.aspx
Växjö kommun (2006): Förskoleverksamhet och skolbarnsomsorg. http://www.vaxjo.se/upload/267/förskolebroschyrokt06.pdf

Länderreport Litauen

1 Historischer Hintergrund und politische Trends

Nach dem Wiedergewinn der nationalen Unabhängigkeit Litauens im Jahr 1990 ließ sich eine Wiedererstarkung patriarchalischer Einstellungen im ganzen Land beobachten. Sie stellte eine Reaktion gegen bestimmte öffentliche Werte dar, die während der sowjetischen Besatzung vertreten wurden. Seitdem ist die Zahl der Betreuungseinrichtungen für Kinder kontinuierlich gesunken. Im Jahr 1990 gab es 1808 vorschulische Einrichtungen, davon 1003 in Städten und 805 in ländlichen Gebieten (Lithuanian Department of Statistics 1995). Im Jahr 2003 lag die Zahl nur noch bei 672 Einrichtungen, davon 489 in Städten und 183 auf dem Lande.

Dieser Rückgang setzt sich fort, und selbst in den vergangenen Jahren wurden Einrichtungen in beträchtlichem Umfang geschlossen. 1993 lag der Anteil der zur Betreuung angemeldeten Kinder bei nur noch 21,3 %. Die Nachfrage und die Zahl der angemeldeten Kinder begannen daraufhin wieder zu steigen, so dass sie durch die bestehenden Einrichtungen nicht gedeckt werden kann. Im Jahr 2003 besuchten 47,7 % aller Kinder zwischen 1-6 Jahren eine vorschulische Betreuungseinrichtung (Lithuanian Department of Statistics 2004). Gesellschaftliche Veränderungen und der Wandel der allgemeinen Lebensbedingungen führten zu einem Einstellungswechsel, so dass es wieder mehr Zuspruch für den Besuch von Kindertageseinrichtungen für 3-6-Jährige gab. Dieser Trend schlug sich vor allem in den Einrichtungen der städtischen Gebiete nieder, auch wenn es weiterhin und besonders in ländlichen Gebieten nur wenig verbreitet war, Kinder unter 3 Jahren in institutionellen Einrichtungen zu betreuen. Abhängig von Alter und Gebiet variieren die Betreuungsszahlen daher beträchtlich. Die höchste Inanspruchnahme findet sich mit 84,3 % in der Gruppe der 3-6-Jährigen in Städten, während die niedrigste Rate bei 3,8 % für Kinder von 1-3 Jahren in ländlichen Gebieten liegt.

2 Strukturdaten Litauen

Bruttoinlandsprodukt (BIP)	23,6 Mrd. € (2006) / 5985 € p.C. (2005)
Haushalte unter der Armutsgrenze*	14,6 % (2003)
Fertilitätsrate	1,27 (2005)
Anteil der Kinder zwischen 0-12 Jahren an der Gesamtbevölkerung 2004	14 % (479 000 Kinder)

Tabelle 1: Strukturdaten Litauen

Quelle: http://www.stat.gov.lt; * 60 % des durchschnittlichen Nettoeinkommens in der EU.

3 Anbieter und Betreuungsformen

Der Kinderbetreuungssektor in Litauen richtet sich an Kinder zwischen einem bis sieben Jahren. Generell soll jedes Kind dieses Alters Zugang zu einer Betreuung haben. Hauptbetreiber der Kindertageseinrichtungen sind die litauischen Gemeinden. Für Kinder von 1-3 Jahren ist ein Platz in einer Kinderkrippe vorgesehen. Dieser Anspruch ist jedoch nicht gesetzlich gesichert. Oftmals befinden sich diese Kinder daher in Obhut einer Tagesmutter. Einige Tagesmütter betreiben „Mini-Kindergärten" mit mehreren Kindern, die sie zumeist zusammen mit den eigenen Kindern zu Hause betreuen. Es ist eher üblich, ein Kind bis zu seinem dritten Lebensjahr von einer Tagesmutter, von den Großeltern oder anderen Verwandten betreuen zu lassen, als es in eine Kinderkrippe zu geben. Zur Beschäftigung von Tagesmüttern liegen jedoch keine offiziellen Statistiken vor, da für diese keine rechtliche Grundlage existiert. Es ist nach Einschätzung litauischer Institutionen anzunehmen, dass ein Großteil von ihnen illegal angestellt ist.

Ab dem dritten Lebensjahr besteht für Kinder ein Rechtsanspruch auf einen Platz in einem regulären Kindergarten. Einige Einrichtungen kombinieren Kindergarten und Kinderkrippe im selben Gebäude. Während in Krippen den Kindern eine ganztägige Betreuung gewährt wird, bieten Kindergärten zusätzlich gezielt pädagogische oder bildungsbezogene Aktivitäten an. Die Krippen und Kindergärten sind die häufigste Form institutioneller Kinderbetreuung in Litauen. Dabei handelt es sich um Vollzeit-Anbieter, deren Öffnungszeiten den Großteil der Arbeitszeiten der Eltern decken und den Kindern – je nach Dauer ihrer Anwesenheit – eine Rundumversorgung mit mehreren Mahlzeiten pro Tag anbieten. Durchschnittlich haben die Einrichtungen zwischen 10,5 und 12 Stunden pro Tag geöffnet, standardmäßig zumeist von 6:30 Uhr bis 18:30 Uhr an Wochentagen. Träger und Betreiber dieser Hauptformen der institutionellen Kinderbetreuung sind hauptsächlich die lokalen Behörden bzw. Kommunen.

Von den 650 öffentlichen Betreuungseinrichtungen für das Vorschulalter (s. Tabelle) lagen im Jahr 2004 etwa 120 in der litauischen Hauptstadt Vilnius. Sie wurden von knapp 18 000 Kindern besucht. Vier Einrichtungen in Vilnius haben spezielle Gruppen für Kinder mit Behinderungen, acht richten sich ausschließlich an behinderte Kinder. Alle Einrichtungen für behinderte Kinder verfügen über eine spezielle Ausstattung und beschäftigen entsprechende Spezialisten wie Sonderpädagog/inn/en, Psycholog/inn/en oder Krankenschwestern. Als problematisch hat sich die Gewährleistung der Betreuung behinderter Kinder während der Ferienzeiten erwiesen. Eine mögliche Lösung für dieses Problem wurde darin gesehen, in der Sommerzeit Kinder mit besonderen Bedürfnissen aus verschiedenen Einrichtungen zusammenzulegen in eine Einrichtung, die über diese Zeit geöffnet hat.

Neben den öffentlichen Kindertageseinrichtungen gibt es einige Betreuungsinitiativen auf freiwilliger Basis. Die Zielgruppe dieser Initiativen liegt hauptsächlich im Bereich behinderter oder in anderer Weise einer besonderen Betreuung bedürftiger Kinder. Dies schließt auch Kinder aus besonderen sozialen oder familiären Risikogruppen ein. Derartige Angebote finanzieren sich aus verschiedenen Mitteln (Wohlfahrtsorganisationen, nicht-staatliche Stiftungen, aber auch mit Unterstützung der lokalen oder nationalen Behörden).

Private, profit-orientierte Anbieter spielen eine nachrangige Rolle in Litauen. In der Hauptstadt Vilnius gibt es nur vier private Kindergärten bzw. Kinderkrippen. Da ihre Beiträge sich im Bereich von 140-150 € pro Monat bewegen, sind private Angebote nur für Familien mit überdurchschnittlichem Einkommen eine Alternative (das durchschnittliche Monatseinkommen liegt in Litauen bei 400 €). Dennoch wird geschätzt, dass etwa 10 % der Familien mit Kindern im Vorschulalter private Anbieter wählen. In den Betreuungseinrichtungen des Privatsektors ist die Gruppengröße mit durchschnittlich 10 statt 15-20 Kindern deutlich geringer. In der derzeitigen Situation ist es schwierig, die genauen Zahlen der Anbieter, der vermittelnden Agenturen oder des Qualifikationsniveaus in den privaten Einrichtungen zu ermitteln, da die offizielle Erfassung dieser Daten nur unzureichend etabliert ist. Mittlerweile gibt es im privaten Bereich verschiedene Agenturen, die zwischen Eltern und Tagesbetreuern zu einer Standardgebühr von zumeist 90 € vermitteln. Es wird jedoch angenommen, dass nur wenige der vermittelten Betreuer/innen über eine formale pädagogische Qualifikation für die Arbeit mit Kindern verfügen, viele dagegen unqualifiziert sind oder nur ein kurzes Training absolviert haben. Zwar wird die Qualifikation von Tagesmüttern vom Ministerium für Bildung und Wissenschaft festgelegt, die dazu vorgesehenen Ausbildungen bzw. Trainings werden jedoch nicht staatlich kontrolliert und von den Verbänden der Kindertagesbetreuer übernommen. Erzieher/innen und Betreuer/innen in öffentlichen vorschulischen Einrichtungen benötigen einen pädagogischen Hochschulabschluss oder anderweitige pädagogische Fachqualifikationen. Diese Regelung gilt nicht für Erzieherassistenten.

Im Anschluss an die vorschulische Kinderbetreuung finden sich Angebote für den Übergang in die Schule und die Nachmittagsbetreuung von Schulkindern. Schulpflicht besteht in Litauen ab dem 7. Lebensjahr. Der Übergang vom Kindergarten in die Schule ist über die so genannte Vorschulklasse geregelt. Die Schulgesetzgebung sieht vor, dass jedes Kind zwischen 6 und 7 Jahren, also im letzten Kindergartenjahr, den Anspruch auf Betreuung und vorschulischen Unterricht zur gezielten Vorbereitung auf die Schule hat. Zwar ist der Besuch dieser Vorschulklasse freiwillig, er wird jedoch zumindest für alle Kinder besonders empfohlen, die zuvor keinen Kindergarten besucht haben. Die Vorschulklasse wird in Kindergärten angeboten oder direkt im Haus oder in der Wohnung der Familie. Eltern bekommen finanzielle Zuschüsse, wenn sie ihren eigenen Wohnraum für Unterricht und Betreuung zur Verfügung stellen. Für Kinder, die weder Eltern noch Pflegeeltern haben, wird die Vorschulklasse auch in Kinderheimen angeboten. Während das Kindergartenjahr allerdings Ende Mai abgeschlossen ist, beginnt das Schuljahr erst im September. Momentan gibt es kaum Angebote, die diese mehrmonatige Lücke überbrücken.

Nachmittagsbetreuung wird zumeist in den Grundschulen selbst angeboten. Hier gibt es zwei Alternativen: Einige Grundschulen sind direkt mit einer weiterführenden Schule verbunden. Hier können Kinder nach der regulären Schulzeit bis etwa 15:00-16:00 Uhr mit Aufsicht und Hilfe von Lehrer/inne/n Schularbeiten erledigen oder spielen. Dieses Angebot ist für Eltern kostenpflichtig. Andere Grundschulen sind eigenständige Schulen. Sie bieten zumeist Nachmittagsbetreuung bis 17:00 Uhr oder 18:00 Uhr an. Beide Schultypen – das Modell in Kombination mit einer weiterführenden Schule und das Modell der reinen Grundschule – bieten lernbezogene Aktivitäten und Hilfestellungen zusätzlich zum normalen Schulunterricht an. Einige dieser Angebote sind in der für die Nachmittagsbetreuung zu entrichtenden Grundgebühr enthalten, andere müssen separat bezahlt werden. Auch einige wenige nicht-staatliche Organisationen bieten Nachmittagsbetreuung für Kinder im Schulalter aus sozial benachteiligten Familien an. Diese Angebote können kostenfrei sein.

4 Finanzierung

Grundsätzlich liegt die Verantwortung für die Schaffung, Entwicklung und den Betrieb von Betreuungseinrichtungen für Kinder in Litauen bei den lokalen Behörden. Da die Einrichtungen somit öffentlich getragen und finanziert werden, ist der Elternanteil an den Kosten für die öffentliche Kinderbetreuung nicht sehr hoch, da diese öffentlich subventioniert sind. Die erhobenen Beiträge können individuell von Kommune zu Kommune variieren, im Durchschnitt liegen sie bei etwa 100-120 *litai* bzw. 30-35 Euro pro Monat. Daneben gibt es gemeinsame Regelungen, die in allen Verwaltungen gelten. Dazu gehört, dass Familien, die als sozial benachteiligt eingestuft werden oder Familien mit körperlich oder geistig behinderten Kindern nur eine Gebühr von etwa 4 Euro-Cent (0,15 *litai*) pro Tag zu zahlen haben. Für allein erziehende Eltern, für Familien mit drei oder mehr Kindern unter 18 Jahren und für Familien, deren Hauptverdiener Vollzeit-Student ist oder in denen der Vater Wehrpflichtiger ist, wird die Gebühr ebenfalls um 50 % gesenkt. Die Gebühr wird nicht erhoben, wenn ein Kind aus Krankheitsgründen den Kindergarten nicht besuchen kann. Auch für die Folgewoche wird, wenn die Krankheit weiter besteht, keine Gebühr fällig. Eine ähnliche Ausnahme wird gemacht, wenn Eltern Urlaub oder einzelne freie Tage haben (dies gilt ebenfalls, wenn durch die Arbeitszeit der Eltern freie Tage regelmäßig während der Woche anfallen) oder sich offiziell auf Arbeitssuche befinden. Während des Sommers oder bei Temperaturen von unter Minus 20 Grad Celsius können Kinder dem Kindergarten ebenfalls unentgeltlich fernbleiben.

5 Integrierte und flexible Angebote

Flexibilität in der Kinderbetreuung bezieht sich nach litauischem Verständnis vor allem auf eine freie Wahl der Zeiten, in denen ein Kind in einem organisierten Rahmen betreut werden kann, und die Möglichkeit, dieses Angebot auf Stundenbasis bezahlen zu können. Flexibilität der Anwesenheit des Kindes bedeutet, dass Eltern ihr Kind zeitlich *ihren Erfordernissen entsprechend* in die Einrichtung bringen bzw. von dort abholen können. Dieses Arrangement kommt vor allem Angestellten im Schichtdienst entgegen, weil nur so ihre speziellen Arbeitszeiten und der daraus entstehende Bedarf gedeckt sind.

Ein solchermaßen flexibel gestaltetes Angebot findet sich in Litauen nicht. Gewöhnlicherweise ist es erforderlich, dass Kinder bis 9:00 Uhr morgens im Kindergarten sind, um als „anwesend" zu gelten. Zwar können die Eltern die Kinder dann nach Belieben abholen, es bleibt jedoch bei der pauschal zu entrichtenden Tagesgebühr. Errechnet wird die Zahl der genutzten Tage am Ende eines

Monats, mit Ausnahme der Tage, an denen das Kind krankheitsbedingt fehlte oder die Eltern das Kind selbst betreuten, weil sie einen freien Arbeitstag hatten. Für diese Fälle sind die Eltern nachweispflichtig (ärztliches Attest oder Nachweis der Arbeitszeit).

Unter dem Begriff „integrierte Dienstleistungen" werden in Litauen diejenigen Angebote verstanden, die familien- oder kindbezogene Angebote zusammenlegen. Zu den verschiedenen denkbaren Komponenten zählen etwa Sprachtherapie, Sonderförderung und psychologische, sozialpädagogische oder weitere soziale Dienste, die gebündelt in einer Einrichtung angeboten werden können.

Die bestehenden Angebote in Litauen entsprechen nicht der Idee eines integrativen Modells. Die Faktoren, die derzeit eine Entwicklung dieses Modells behindern, sind die wachsenden Ansprüche des Arbeitsmarktes und die Notwendigkeit, Angebote direkt kosteneffizient zu unterhalten und zu gestalten. Es wird von einer direkten Kosten-Nutzen-Wirkung ausgegangen, die durch die Natur der Angebote kurzfristig jedoch kaum erreichbar ist. Die Schwierigkeiten, denen sich Familien oft gegenüber sehen, könnten dagegen durch soziale und psychologische Dienste bearbeitet und überwunden werden. Insofern würden integrierte Angebote durchaus sinnvoll sein, weil sie dazu beitragen könnten, das Risiko negativer langfristiger Resultate in der kindlichen Entwicklung zu verringern. Mechanismen und Konzepte bezüglich integrierter Angebote sind noch nicht entwickelt.

Entsprechend begrenzt ist daher auch die Zusammenarbeit zwischen verschiedenen Dienstleistern und Anbietern im Kinderbetreuungssektor und im sozialen Sektor. Auf institutioneller Ebene arbeiten Kindergärten, Gesundheitszentren und Sozialdienste jeweils als eigenständige Einheiten. Es wird nur geringes Augenmerk auf eine mögliche Zusammenarbeit dieser Institutionen gelegt. Zwar werden Kinderkrankenschwestern, Sonderpädagog/inn/en, Sprachtherapeut/inn/en und Psycholog/inn/en mittlerweile auch in Kindergärten angestellt, jedoch ist diese Praxis erst wenig verbreitet. Nur sehr wenige Kindergärten zählen zudem alle genannten Spezialisten zu ihrem Team.

Es besteht keine Zusammenarbeit zwischen der institutionellen Kinderbetreuung und der Tagespflege. Sie arbeiten unabhängig voneinander. Dies hat zur Folge, dass einige Familien außerhalb der Zeiten, in denen ihr Kind im Kindergarten sein kann, zusätzlich eine Tagesmutter beschäftigen. Dies kann hilfreich sein in Fällen, in denen die Arbeitszeiten der Eltern außerhalb der Öffnungszeiten der Kindertageseinrichtungen liegen und sie ihre Kinder deshalb nicht rechtzeitig bringen bzw. abholen können.

6 Flexibilität

Die meisten Betreuungseinrichtungen haben zwischen 10,5 und 12 Stunden pro Tag von Montag bis Freitag geöffnet. Zumeist liegen die Öffnungszeiten von 6:00-18:00 Uhr, von 6:30-18:30 Uhr oder von 7:00-19:00 Uhr. Diese Zeiten können sich an den aktuellen Bedarfen der Eltern ausrichten. In Vilnius gibt es zudem vier Einrichtungen, so genannte „Wochenkindergärten", die im wöchentlichen Wechsel über fünf Tage 24 Stunden lang geöffnet haben und damit auch die Betreuung über Nacht ermöglichen. Acht weitere Einrichtungen in Vilnius bieten diese Möglichkeit zumindest für bestimmte Gruppen. Für eine darüber hinausgehende Flexibilität in den Öffnungs- und Betreuungszeiten, die auch für eine größere Zahl von Einrichtungen verbindlich wäre, gibt es in Litauen keine gesetzliche Grundlage. Die privaten Anbieter, die ihre Öffnungszeiten frei bestimmen können, sind für viele Familien zu teuer.

Für die öffentlichen Einrichtungen gilt generell, dass die Eltern im Rahmen der regulären Öffnungszeit ihre Kinder zu jeder beliebigen Zeit des Tages bringen und abholen können. Sie haben jedoch stets für den ganzen Tag zu zahlen. Wenn Eltern innerhalb einer Woche in zwei unterschiedlichen Schichten arbeiten und z.B. nur an einigen Tagen Betreuung wünschen, kann über Antrag bei der Kindergartenleitung eine Freistellung erfolgen. Für diesen Zeitraum muss dann kein Entgelt entrichtet werden. Eltern haben die Möglichkeit, bei Erkrankung ihres Kindes der Arbeit zu einem verringerten Lohnsatz fernzubleiben oder eine Tagesmutter für das Kind zu finden.

An Wochenenden gibt es in der institutionellen Kinderbetreuung kein Betreuungsangebot. Während der Sommerferien haben die Kindertageseinrichtungen geöffnet. In Zeiten, in denen nur wenige Kinder in den einzelnen Gruppen sind, können diese Gruppen zusammengelegt werden.

Schüler haben drei Monate Sommerferien, was bedeutet, dass für sie keine Betreuung in der Schule möglich ist (der Jahresurlaub der Eltern beträgt 4 Wochen). Für sie gibt es Sommer-Camps, die aber nur etwa 10-14 Tage umfassen. Zudem sind diese Camps mit etwa 170 € so kostenintensiv, dass Familien staatliche Unterstützung bräuchten, um diese Angebote effektiv nutzen zu können.

6.1 Interne Organisation

Zur Arbeit mit Kindern in Betreuungseinrichtungen sind nur speziell ausgebildete Fachkräfte zugelassen. Dazu gehören Lehrer/innen, Sonderpädagog/inn/en, Logopäd/inn/en, Psycholog/inn/en und Sozialarbeiter/innen. Pädagog/inn/en arbeiten 24 Stunden pro Woche, Sozialarbeiter/innen 40 Stunden. Lehrer/innen haben den gesetzlichen Anspruch auf 5 bezahlte Fortbildungstage pro Jahr.

Für die Betreuung zu Tages- und zu Nachtzeiten gelten dieselben Vorschriften. Institutionell organisierte Einrichtungen machen Gebrauch von Beobachtungen und Notizen zu den Kindern, die sie der jeweils übernehmenden Schicht mitteilen. In Teamgesprächen werden zudem Informationen über Geschehnisse und Entwicklungen ausgetauscht. Schichtarbeit in Betreuungseinrichtungen, die die Nachtstunden umfasst, wird vom Personal freiwillig geleistet (sie werden nicht vertraglich von vornherein dazu verpflichtet) und im Vertrag vereinbart. Die Bereitschaft des Personals zu Nachtarbeit ist relativ hoch, da von 22:00-6:00 Uhr eine Nachtzulage von 50 % des gewöhnlichen Lohnes gezahlt wird.

6.2 Elternkommunikation

Es gibt keine vorgeschriebene Höchstdauer für die Wartezeit auf einen Betreuungsplatz. Wenn zum Zeitpunkt der Bewerbung kein Platz verfügbar ist, sind die Eltern gezwungen, zu warten. Betreuungsplätze werden unabhängig von der Arbeitssituation der Eltern vergeben – es muss kein Arbeitsplatz nachgewiesen werden. Es besteht jedoch Einigkeit darüber, dass es für Kinder von Vorteil ist, das Vorschuljahr zu besuchen, auch wenn ihre Eltern die Möglichkeit haben, das Kind zu Hause zu betreuen. In einigen Vorschulen können Kinder auch zusammen mit ihren Eltern bestimmte Bildungsveranstaltungen für einige Stunden ein- oder zweimal pro Woche besuchen.

Eltern können gemeinsam ihr Votum hinsichtlich der Öffnungszeiten einer Einrichtung abgeben und so für eine verbesserte zeitliche Übereinstimmung mit Öffnungs- oder Schließzeiten eintreten.

6.3 Pädagogischer Ansatz und Arbeitsmethoden

Betreuungseinrichtungen haben das Recht, unterschiedliche Arbeitsmethoden zu wählen. Dazu können Schritt-für-Schritt-Ansätze, die Montessori-Schule oder die Waldorfpädagogik gehören. Eine Einrichtung soll nicht denselben pädagogischen Ansatz in allen Bereichen vertreten, sondern nur in einzelnen Gruppen, so dass eine größere Variation des Angebots entsteht. Einige Kindergärten bieten zudem Unterricht in Russisch oder Polnisch an, wenn dies die Muttersprache eines Teils der betreuten Kinder ist. Dauerhafte, sehr lange oder stetig nur kurze Anwesenheiten von Kindern entsprechen nicht den Wünschen der Pädagog/inn/en. In materieller Hinsicht sollten alle Betreuungseinrichtungen angemessen ausgestattete Räumlichkeiten aufweisen (auch Küchen und Schlafräume).

7 Praxisbeispiel

Im Rahmen des Equal-Projekts „Forward: Seima ir darbas suderinami"[35] wurden seit 2005 in Litauen die Öffnungszeiten verschiedener Kindertageseinrichtungen ausgeweitet, um auf diese Weise den Bedarfen von Familien angesichts veränderter Arbeitszeitstrukturen gerecht zu werden. Zu diesem Zweck wurden die Betreuungszeiten teilweise bis auf 21.00 Uhr ausgeweitet. In einer der teilnehmenden Einrichtungen, dem Kindergarten „Peledziukas" in dem Ort Pagirai außerhalb von Vilnius, besteht außerdem die Möglichkeit zur Nachbetreuung zwischen. Im Rahmen des Projektes bietet dieser Kindergarten auch psychologische und soziale Beratungsmöglichkeiten an. Ein in der Einrichtung zur Verfügung stehender Sozialarbeiter kann in Problemfällen als „Fallmanager" agieren, der zusammen mit den Eltern eine Problemlösungsstrategie erarbeiten und die Fortschritte kontinuierlich begleiten kann.

Ein anderes positives Praxisbeispiel ist das „Nendre-Zentrum"[36] Das Nendre-Zentrum ist ein Zentrum für Frauen und Kinder in Vilnius. Gegründet wurde es 1998 durch das *Åland Islands Peace Institute* in Finnland und die Frauenorganisation *Devyndarbe*. Das Nendre-Zentrum bietet ganztägige Kinderbetreuung für Kinder im Vorschulalter und Nachmittagsbetreuung für schulpflichtige Kinder an. Daneben gibt es ein Beratungs- und Bildungsangebot für allein erziehende Mütter, die sich besonders häufig in einer sozial schwierigen Situation befinden. Das dient dem Zweck, diese Mütter sowohl in gesellschaftlicher als auch in persönlicher Hinsicht zu stärken. Es soll ein sicheres Umfeld für sowohl Kinder als auch Mütter bieten und helfen, Familienstrukturen zu stabilisieren und Familien in ihrem Zusammenhalt zu festigen. Etwaige Partner, Familien und Freunde sind ebenfalls eingebunden. Zusammen wird an einer nachhaltigen Problemlösungsstrategie gearbeitet.

Das Projekt ist in dieser Form einzigartig nicht nur in Vilnius, sondern in ganz Litauen. Als einzige Organisation im ganzen Land arbeitet das Zentrum mit der gesamten Familie und deren sozialen Umfeld, nicht allein mit Kindern und ihren Müttern. Die pädagogische Tagesbetreuung für die Kinder basiert sowohl auf individuellen als auch auf gemeinsamen Aktivitäten. Während die Kinder so zum einen lernen, in Gruppen zusammenzuarbeiten, wird gleichzeitig auf Basis eines für jedes Kind erarbeiteten Handlungsplanes die individuelle Initiative

---

[35] http://www.seimairdarbas.lt

[36] http://www.peace.aland.fi/english/nendrecentre.htm

gefördert. Das zur Anwendung kommende Lehrmodell ist mit der Betonung von Demokratie und Gleichheit an das skandinavische Muster der Kinderbetreuung angelehnt.

Schulkinder erhalten Betreuung und Hilfe bei ihren Hausaufgaben. Zusätzlich werden sie in kreativen und anderen freizeitbezogenen Aktivitäten unterstützt.

Für Mütter existieren Beratungsangebote und Bildungsangebote. Mit jeder ratsuchenden Mutter wird ein individueller Handlungsplan entwickelt, der Familienberatung, Gesundheitsvorsorge und berufsbildende Maßnahmen enthalten kann. Die Angestellten im Nendre-Zentrum verfügen über umfangreiche praktische Erfahrungen im Bereich der sozialen Arbeit. Das Zentrum bietet für das Personal unter anderem Fortbildungen und jährliche Reisen zu Hospitationen in die skandinavischen Länder an.

Zusätzlich zu dem bestehenden Nendre-Zentrum hat das *Åland Islands Peace Institute* eine kleine Farm für Mutter-Kind-Sommer-Camps eingerichtet.

8 Zusammenfassung und Ausblick

Stärken und Schwächen des litauischen Kinderbetreuungssystems liegen oft eng beieinander. Dies scheint mit Blick auf die geschilderten Strukturen in einem Wechselspiel von einerseits gut etablierten formalen Errungenschaften und andererseits einer nicht immer den aktuellen Entwicklungen und Herausforderungen der Kinderbetreuung aufgeschlossen und kooperativ gegenüberstehenden Politik begründet zu sein.

Als eine grundlegende Stärke des Kinderbetreuungssystems in Litauen lassen sich der formale juristische Rückhalt und eine gut entwickelte Infrastruktur bezeichnen. Diese Infrastruktur gründet auf lokalen Kindertageseinrichtungen, die ursprünglich unter dem sowjetischen Regime eingeführt wurden. Die Städte verfügen über ein großes Netzwerk an Kindertageseinrichtungen, die zumeist nah zum Wohnort des Kindes gelegen sind. Darüber hinaus wird die Möglichkeit eingeräumt, Kinder auch im eigenen Haus betreuen zu lassen. Prinzipiell soll dem Schulgesetz zufolge jedem Kind im Vorschulalter von 1-6 Jahren ein Betreuungsplatz zugänglich sein. Zusammen mit der Festlegung, dass die lokalen Behörden für Einrichtung, Durchführung und Kontrolle der Leistungen verantwortlich sind, mit einer gemeinsamen Finanzierungsstruktur und landesweit geltenden professionellen Standards für die Aus- und Weiterbildung von Vorschulpädagog/inn/en und Kindergartenleiter/inne/n, ist dies der formale Rahmen, in dem sich die Kinderbetreuung in Litauen bewegt. Städtische und private Anbieter, die auf einer gesetzlich geregelten Basis arbeiten, haben klare Verantwortungen und Pflichten.

Kindertageseinrichtungen und andere Betreuungseinrichtungen variieren verstärkt ihre Aktivitäten und zeigen sich offen für Neuerungen, die ihren Auftrag und die pädagogischen Inhalte und Methoden betreffen. Mittlerweile finden sich auch alternative pädagogische Modelle wie die Montessori- oder Waldorf-Pädagogik in Kindertageseinrichtungen. Zudem wird angestrebt, Kinder mit Behinderungen in bestehende Gruppen zu integrieren und auch den geburtenstarken Anteil der derzeit 5- bis 6-Jährigen stärker in die vorschulische Betreuung einzubinden. Einige Betreuungseinrichtungen wenden sich speziell an Minderheiten und bieten Betreuung in russischer und polnischer Sprache an. Kinder mit nicht-litauischem Hintergrund haben zudem ein Anrecht auf Unterricht in der litauischen Sprache. Eine steigende Zahl litauischer Betreuungseinrichtungen nimmt außerdem an nationalen und internationalen Projekten und Kooperationen teil.

Den positiven Voraussetzungen und Neuerungen stehen einige Schwächen gegenüber. Die Kritikpunkte an der litauischen Kinderbetreuung richten sich vor allem auf die Befriedigung der Nachfrage und die dazu notwendige politische Unterstützung. Das bestehende Angebot an Kindergartenplätzen kann die momentan steigende Nachfrage nach Betreuungsplätzen nicht decken. Hier kommen nach litauischer Einschätzung drei Aspekte ins Spiel.

- Viele der im Zuge eines andauernden Bevölkerungswachstums neu entstandenen Wohngegenden in den litauischen Städten sind ohne Schulen oder Kindergärten geplant und realisiert worden. Das Land dieser Gebiete ist großflächig an private Unternehmer verkauft worden, so dass die lokalen Behörden dort keine Infrastruktur für Betreuungseinrichtungen entwickeln können.
- Trotz eines Wachstums der Betreuungsanbieter auf dem privaten Sektor (das zurzeit sogar größer ist als das der öffentlichen Betreuung), muss die bestehende Infrastruktur für Tagesbetreuung und Kindergärten zudem noch immer als zu gering bezeichnet werden. Viele der bestehenden Einrichtungen in den Städten sind mit 20-25 Kindern in den Gruppen (gemessen an dem zur Verfügung stehenden Personal) daher drastisch überbelegt.
- Hinzu kommt, dass in der Phase des ökonomischen Abschwungs nach dem Erreichen der staatlichen Unabhängigkeit, die meisten Kindergärten in den kleineren Städten geschlossen wurden. Ein ähnlicher Prozess ergriff gleichzeitig auch die Städte und Dörfer nach dem Zusammenbruch der landwirt-

schaftlichen Produktionsgemeinschaften. Diese Situation ist noch nicht behoben.

Zusätzlich zu dem bestehenden Unterangebot an Betreuungsplätzen erfüllen die örtlichen Behörden als Träger der bestehenden Betreuungseinrichtungen oftmals nur die finanziellen Minimalanforderungen für den Erhalt der Gebäude und die Bezahlung der Mitarbeiter. Die materielle Situation in den Einrichtungen ist als Konsequenz daraus häufig sehr schlecht. Veraltetes Material, ein schlechter Personalschlüssel und ungeeignete pädagogische Programme für die jeweilige Altersgruppe kommen häufig vor. Oft fehlt es auch an einzelnen Räumen, in denen die Gruppen getrennt betreut werden können. Die an sich begrüßte Integration behinderter Kindern in die Gruppen geschieht unüberlegt. Ergebnisse dieser Praxis sind nicht nur übergroße Gruppen, sondern ist auch ein für diese besondere Aufgabe nur unzureichend vorbereitetes Personal und das Fehlen von kompetenter Hilfestellung (Training) in der veränderten Situation.

Aus dieser Mangelsituation sind auch gleichzeitig die zentralen Veränderungsbedarfe zu erkennen. Nötig ist die Schaffung einer wesentlich größeren Zahl von Betreuungsplätzen durch die Neueröffnung einer großen Zahl von Einrichtungen. Als hilfreich wurde dabei eine Einflussnahme auf die öffentliche Meinung empfunden, um die Gründung privater Betreuungsinitiativen zu unterstützen und eine bessere gesetzliche, ratgebende und überprüfende Grundlage für diese Dienste zu schaffen. Die derzeitige Regierung steht der Gründung privater Betreuungseinrichtungen ablehnend gegenüber. Für die interne Organisation der Betreuungseinrichtungen wird die Notwendigkeit von größerer Flexibilität in den Angebotszeiten gesehen. Die bestehende 12-stündige Öffnungszeit reicht nicht aus, um den bestehenden Bedarf zu decken. Als den Arbeitszeiten in der gegenwärtigen arbeitsmartkpolitischen Situation und den daraus entstehenden Bedürfnissen angemessen würde eine Öffnungszeit von 7-22 Uhr empfunden. Mit dieser Erweiterung einher geht die Forderung nach einer Reformierung des Beitragssystems, so dass Eltern nach der tatsächlichen Anwesenheit des Kindes in einer Einrichtung zahlen und nicht nach pauschalen Tagessätzen.

9 Literatur

Lithuanian Department of Statistics (1995): Lithuanian Women and Family. Vilnius. http://www.stat.gov.lt/en/

Lithuanian Department of Statistics (2004): Women and Men in Lithuania. Vilnius. http://www.stat.gov.lt/en/

Länderreport Italien

Der vorliegende Report gibt neben grundlegenden Informationen zum italienischen System der Kinderbetreuung auf nationaler Ebene beispielhaft die Entwicklungen auf regionaler Ebene in der Provinz Pescara wieder. Als kleinste der vier Provinzen der Region „Abruzzo“ (Abruzzen) zählt Pescara 46 Kommune.[37]

1 Historischer Hintergrund und politische Trends

Dem traditionellen italienischen Verständnis nach fällt die Aufgabe der Kinderbetreuung primär in den Bereich der Familie. Diese Auffassung hat die weitere Entwicklung und Organisation formeller Betreuungsformen bis zur Gegenwart maßgeblich geprägt.

So wurde die Initiative für den Aufbau eines Systems der institutionellen Kinderbetreuung von Seiten der italienischen Regierung erst im letzten Drittel des 20. Jahrhunderts ergriffen. Mit dem Gesetz Nr. 1044 aus dem Jahr 1977 schuf man erstmals eine rechtliche Grundlage, welche die Notwendigkeit der Bereitstellung von öffentlichen Betreuungseinrichtungen für Kinder anerkannte, um Frauen somit einen kontinuierlichen Zugang zum Arbeitsmarkt zu ermöglichen. Seitdem zwei Jahre später der Betrieb von Waisenhäusern durch einen weiteren Gesetzesbeschluss offiziell verboten wurde, kam es daraufhin im Laufe der frühen 80er-Jahre zur Eröffnung der ersten öffentlichen Betreuungseinrichtungen für Kinder. Beim fortschreitenden Ausbau dieser Einrichtungen zeigten sich jedoch starke regionale Divergenzen hinsichtlich deren Qualität und Quantität, was auch heute noch ein wesentliches Charaktermerkmal des italienischen Betreuungssystems darstellt – während in den norditalienischen Regionen der Emiglia Romana, Toscana und Piemonte schon in der frühen Entstehungsphase öffentlicher Einrichtungen ein Schwerpunkt auf deren Bildungs- und Erziehungsauftrag gelegt wurde, setzte sich in den übrigen Regionen der Nation ein anderes Verständnis durch. Hier wurden Betreuungseinrichtungen für Kinder lediglich als neue Form von Waisenhäusern betrachtet, welche eher eine unterstützende als eine erzieherische Funktion innehaben sollten. Zu diesem letzteren Verständnis trug auch insbesondere das oben genannte Gesetz bei. So sah man

[37] Italien ist politisch in 20 Regionen (regioni) mit jeweils eigener Regierung gegliedert. Diese Regionen sind in insgesamt 108 Provinzen (province) und diese in etwa 8.100 Gemeinden unterteilt

für das Betreuungspersonal eher eine Funktion mit Aufsichtscharakter vor, und es wurden lediglich grundlegende Pflegekenntnisse verlangt.

Die Basis für ein allgemeines Umdenken und die Entwicklung einer „Kultur" des Betreuungssektors, welche die darin enthaltenen Aufgaben der Bildung, Erziehung und Betreuung von Kindern anerkannte, wurde durch eine weitere Gesetzgebung aus dem Jahr 1997 geschaffen. Das so genannte „türkische Gesetz (Legge Turco)"[38] formulierte die Aufgaben der Betreuungseinrichtungen für Kinder und Jugendliche neu. Des Weiteren wurden erstmalig umfangreiche finanzielle Mittel zur Verfügung gestellt, welche für die Erweiterung der Angebote und die Personalentwicklung genutzt werden konnten.

Trotz der seit den letzten Jahren aufkommenden Nachfrage nach formalen Betreuungsangeboten – insbesondere für unter Dreijährige – sieht sich Italien derzeit einer bedeutsamen demographischen Herausforderung gegenüber. Die nationale Geburtenrate befindet sich im Vergleich mit den europäischen Nachbarn auf einem historischen Tiefstand (s. Tabelle). Auf der anderen Seite lag die jährliche prozentuale Zunahme der weiblichen Beschäftigungsquote im Jahr 2006 bei 2,4 %, was im europäischen Vergleich hingegen einen relativ starken Zuwachs darstellt.[39]Vor dem Hintergrund dieser Entwicklungen lässt sich schließen, dass dem Ausbau der bereits vorhandenen Betreuungsangebote für Kinder weiterhin eine wichtige Rolle in der italienischen Familien- und Sozialpolitik zukommen wird.

---

[38] Nationales Gesetz 285/97

[39] Eurostat 2008: Beschäftigungswachstum – weibliche Bevölkerung. http://epp.eurostat.ec.europa.eu

2 Strukturdaten Italien

Bruttoinlandsprodukt (BIP)	1.475 Mrd. € (2006) / 24.300 € (p.c.)
Anteil der Haushalte unter der Armutsgrenze	11,1 % (2006)*
Fertilitätsrate	1,32 (2005)
Anteil der Kinder im Alter von 0 – 15 Jahren an der Gesamtbevölkerung	14,1 % (2007)

Tabelle 1: Strukturdaten Italien

*Quelle: http://www.istat.it/salastampa/comunicati/non_calendario/20071004_01/, restliche Daten: EUROSTAT http://epp.eurostat.ec.europa.eu

3 Anbieter und Betreuungsformen

In Italien dürfen Kinder gesetzlich erst in einem Alter ab drei Monaten eine institutionelle Betreuungsform besuchen. Des Weiteren gilt für alle Kinder ab dem Alter von drei Jahren ein Rechtsanspruch auf einen kostenlosen Betreuungsplatz in einer der öffentlichen, vorherrschenden Betreuungsform der *scuole dell'infanzia*. Daran schließt sich die Schulpflicht für den Altersbereich von 6-15 Jahren an. Die Schuldauer wurde im Jahre 1999 von der italienischen Regierung von 8 auf 10 Jahre ausgeweitet – obligatorisch ist dabei letztlich ein neunjähriger Schulbesuch. Hinsichtlich des vorschulischen Bereichs lassen sich im italienischen Betreuungssystem zunächst zwei zentrale Formen der institutionellen Kinderbetreuung erkennen (vgl. OECD 2006: 361f.):

Nido d'infanzia / Asili nido:
Die Angebote richten sich an Kinder im Alter von drei Monaten bis drei Jahren und sind meistens von September bis Juni/Juli, täglich für acht bis zwölf Stunden verfügbar. Träger sind in der Regel Gemeinde- oder Stadtverwaltungen.
Die Zahl der Einrichtungen hat von 2180 (im Jahr 1992) auf 3008 (im Jahr 2000) zugenommen. Gleichsam hat sich auch die Zahl nicht-staatlicher Träger im gleichen Zeitraum signifikant erhöht – von 146 auf 604 Einrichtungen. Die regionale Verteilung und Verfügbarkeit der nidi gestaltet sich allerdings weniger proportional mit einem eindeutigen Nord-Süd-Gefälle: 59.3 % der angebotenen Plätze

liegen im Norden, 25,4 % im mittleren Teil des Landes und lediglich 15,3 % der Plätze sind im Süden Italiens (inklusive der Inselregionen) verfügbar.

Scuole dell'infanzia:
Diese Einrichtungen übernehmen die Betreuung von drei- bis sechsjährigen Kindern. Die ganztägigen Öffnungszeiten orientieren sich am Schulbetrieb und liegen meistens zwischen 8.30 Uhr und 16.30 Uhr. Diese Einrichtungen bilden ein in Italien universell verfügbares Angebot und sind typischerweise an die lokalen Grundschulen angegliedert. Somit liegt die Trägerschaft in den meisten Fällen beim lokalen öffentlichen Schulsystem, wobei ebenso die Zahl privater Anbieter durch neue rechtliche Rahmenbedingungen seit einigen Jahren zunimmt.

Der italienische Staat übernimmt im Allgemeinen die Regulation und Qualitätskontrolle der Angebote im nationalen scuole dell'infanzia-System. Den lokalen Verwaltungen kommen dabei die jeweilige lokale Gestaltung und Kontrolle der Angebote zu. Entweder sind diese selbst Betreiber der Einrichtungen oder sie geben die Trägerschaft untervertraglich an private Profit oder Non-Profit-Anbieter (z.B. gemeinnützige Organisationen) weiter. Zudem werden die Träger in die lokale Angebotsplanung eingebunden. Das staatliche Bildungsministerium ist für alle öffentlichen Einrichtungen verantwortlich und betreibt 55,2 % aller Schulen, an welche die scuole dell'infanzia angegliedert sind. Die übrigen 44,8 % setzen sich aus verschiedenen Anbietern zusammen, wie lokale Gebietskörperschaften (Regionen, Provinzen und Kommunen), sowie aus konfessionellen und privaten Trägern.

Betrachtet man die exemplarische Verwaltungsregion[40] der Provinz Pescara, so zeigt sich ein gegensätzliches Bild der Trägerproportion: 56 % der Angebote werden hier von privaten Profit-Institutionen betrieben. Lediglich 18 % fallen in die öffentliche Trägerschaft der Städte und Gemeinden. 22 % werden von privaten Non-Profit-Institutionen, Vereinen und Initiativen betrieben sowie 4 % von gemeinnützigen Organisationen. Die Situation in Pescara kann somit exemplarisch die regionalen Divergenzen im Betreuungssystem Italiens verdeutlichen.

Weitere Betreuungslösungen, wie z.B. Tagesmütter, zählen in Italien nicht zum formellen Sektor. Das Betreuungsverhältnis zwischen Familien und Tagesmüttern bleibt informell geprägt und das Arbeitsverhältnis folgt keiner vertraglichen Regelung. Eine ähnliche Betreuungsform stellt das *nido domiciliare* dar. Hier können Kinder ab einem Alter von 18 Monaten bis zu drei Jahren im eigenen Haus einer pädagogischen Fachkraft betreut werden. In den meisten Fällen

[40] Die einzelnen Provinzen untergliedern sich wiederum in verschiedene Arbeitsmarktregionen, so genannte „SLL (Sistemi Locali de Lavoro)", welche für statistische Messungen und Vergleiche herangezogen werden. Weitere Informationen unter: http://statistica.regione.abruzzo.it

verfügen italienische Familien, welche sich für eine Tagesmutter bzw. einen nido domiciliare entscheiden, oftmals über ein höheres Einkommen. Schließlich sind die Leistungen einer Ganztagsbetreuung durch Tagesmütter erheblich teurer als die teilweise kostenlosen institutionellen Angebote. Auf der anderen Seite hat sich die vermeintliche Koppelung zwischen der sozialen Herkunft und die Wahl der Betreuungsoption in den letzten Jahren vermindert. So werden öffentliche Betreuungseinrichtungen wie die scuole dell'infanzia mittlerweile von Kindern aus allen sozialen Schichten gleichermaßen besucht. Diese Entwicklung resultiert insbesondere aus der politischen Strategie zur frühzeitigen Förderung, Bildung und Erziehung der Kinder.

Im ersten Lebensjahr wird die Kinderbetreuung meistens von den italienischen Familien selbst übernommen. In einigen Fällen greift man auf Tagesmütter zurück, nur ein geringer Anteil von Säuglingen und Kleinstkindern besucht in Italien institutionelle Betreuungsformen. Ein ähnliches Bild zeigt sich für die Altersgruppe von 1-3 Jahren – hier wird die Betreuung noch vorwiegend informell bzw. familiär organisiert, wobei die Nachfrage nach institutionellen Angeboten in den letzten Jahren ebenso konstant gestiegen ist.

Der Bedarf nach institutionellen Angeboten zur Betreuung von Kindern unter drei Jahren gestaltet sich für die italienische Provinz Pescara dabei folgendermaßen: Von allen potenziellen Familien mit Kindern im entsprechenden Alter wünschen sich nur 20 % einen Platz für ihr Kind in einem nido d'infanzia. Von diesen 20 % erhalten jedoch nur 13 % einen Platz, so dass die restlichen Familien auf Wartelisten gesetzt werden. Die Zahlen verweisen sowohl auf eine eindeutige Nachfrage nach Betreuungsangeboten für unter Dreijährige, als auch auf die Notwendigkeit, die bereits vorhandenen Kapazitäten auszubauen.

Ab dem Altersbereich von 4-6 Jahren wird die Betreuung dann universell von den scuole dell'infanzia übernommen, so dass spätestens jedes italienische Kind ab einem Alter von fünf Jahren eine solche Einrichtung besucht.

4 Finanzierung

Die staatlichen Gesamtausgaben für das Betreuungssystem belaufen sich auf 0,44 % des nationalen BIP, wobei der Großteil von 0,39 % den öffentlichen und 0,05 % den privaten Anbietern zukommt. Dabei stammen etwa 89 % dieser staatlichen Mittel aus öffentlichen, die verbleibenden 11 % aus privaten Quellen.

Die Angebote des asili nido (für Kinder bis zu einem Alter von 3 Jahren, s.o.) werden abhängig der regionalen Nachfrage von der jeweiligen Gebietskörperschaft finanziert. Die Dienstleistungen für Kleinkinder unter drei Jahren neben dem regulären Betreuungsangebot, wie etwa Gesundheitsfürsorge für Mütter und Kinder, Beratungsangebote oder Sozialleistungen, werden in die Verantwortlichkeit der regionalen oder lokalen Behörden übertragen. Die Regionen stocken dabei das Budget für die U3-Angebote der Kommunen durch einen steuerlich finanzierten Sozialfonds auf. Die Kommunen sind schließlich auch für die Instandhaltung der baulichen Infrastruktur zuständig.

Die Elternbeiträge in den asili nidi sind einkommensabhängig und belaufen sich auf maximal 18 % der Gesamtkosten für einen Betreuungsplatz. Diese können aber in Abhängigkeit vom Träger variieren, welcher die Elternbeiträge bestimmt. Bei öffentlichen Anbietern liegen die monatlichen Beiträge zwischen ca. 180 € und 250 €. Für private Anbieter belaufen sie sich auf 300 € bis 350 €. In den scuole dell'infanzia ist die Betreuung der drei- bis sechsjährigen Kinder in öffentlichen Einrichtungen kostenlos. Die Eltern müssen hier lediglich für Mahlzeiten und zusätzliche Dienstleistungen aufkommen.

5 Personalqualifikation

Zunächst scheinen die vielfältigen Abschlüsse im italienischen Ausbildungssystem unmittelbare internationale Vergleiche zu erschweren, zumal sich die akademischen Diplome und Berufsausbildungen auch auf regionaler Ebene unterscheiden. Dies verweist ebenfalls auf das Fehlen einer einheitlichen nationalen oder regionalen Strategie, welche zur verbindlichen Standardisierung der Qualifikationsanforderungen beitragen könnte.

Aussagen, die allgemeine Gültigkeit für das ganze Land besitzen, können daher am ehesten für die öffentlichen scuole dell'infanzia getroffen werden. Die berufliche Ausbildung aller pädagogischen Fachkräfte des Schulsystems ab der scuola dell'infanzia bis zum Sekundarbereich wird durch Universitäten im Rahmen von spezialisierten Aufbaustudiengängen (corsi di laurea specialistica) vorgenommen.[41] Dies geht auf umfangreiche Ausbildungsreformen aus den späten 90er-Jahre zurück, welche auf eine Anhebung des Qualifikationsniveaus abzielten. Zuvor wurde die Ausbildung von (meist katholischen) Berufsschulen durchgeführt. Mittlerweile wird jedoch die Absolvierung des Studiengangs „Wissenschaften der Frühpädagogik" für diese Fachkräfte vorausgesetzt. Der Studiengang endet mit einem Staatsexamen. In den Praxisteil des Examens geht ebenfalls eine Beurteilung eines zuvor absolvierten Referendariats ein. Mit diesem Abschluss werden die Kandidaten zur Ausübung des Lehrerberufs in der scuola dell'infanzia bzw. in der daran anschließenden Grundschule qualifiziert.

[41] Die Zugangsbedingungen werden vom Gesetz Nr. 264 / August 1999 (Art. 1, Abs. 1) reguliert

Auch das leitende Personal in den Einrichtungen für Kinder unter drei Jahren ist nach der Reform dazu verpflichtet, einen Abschluss aus einem vierjährigen Hochschulstudiengang vorweisen zu können. Schließlich soll durch die Vereinheitlichung von Qualifikationsanforderungen die Mobilität der Fachkräfte zwischen unterschiedlichen Einrichtungstypen und den Sektoren „Schule" und „Kinderbetreuung" sichergestellt werden. Insgesamt möchte man somit eine einheitliche pädagogische Qualität garantieren.

Im Falle der italienischen Region Abruzzo reguliert ein Gesetz aus dem Jahr 2000[42] die Ausbildungsanforderungen für pädagogische Fachkräfte der öffentlichen nidi und aller anderen Einrichtungstypen. In ihm ist in ähnlicher Weise vorgesehen, dass die leitenden Erzieher/innen eine dreijährige Ausbildung absolvieren, die aus einer zweijährigen Grundausbildung und einer einjährigen Spezialisierungsphase (je nach Altersbereich der zu betreuenden Kinder) besteht. Nach einer Zeitspanne von weiteren fünf Jahren sind diese Fachkräfte dazu verpflichtet, im Anschluss ein universitäres Diplom eines pädagogisch bzw. psychologisch ausgerichteten Studiengangs nachzuweisen.

Die Qualifikationsanforderungen für die neu entstandene Position des Koordinators (s. dazu Kap. 6.2) in scuole dell'infanzia sehen vor, dass diese Kraft über einen speziellen Abschluss als Koordinator für Betreuungsdienste verfügen muss. Nach dem Erhalt dieses Abschlusses ist innerhalb einer Zeitspanne von weiteren sieben Jahren ein Diplom eines pädagogischen Studiengangs zu absolvieren. Das übrige Betreuungspersonal benötigt eine berufliche Qualifikation nach Beendigung der Schulpflicht. Die Anforderungen für die Ausbildung des Betreuungspersonals (neben der Einrichtungsleitung) in den asili nidi werden allerdings nicht näher definiert.[43]

Insgesamt lässt sich beobachten, dass die Arbeitsbedingungen in den Einrichtungen der scuole dell'infanzia meist besser sind als in den asili nidi. Das Gehalt einer pädagogischen Fachkraft entspricht dort in etwa dem eines Grundschullehrers. In den asili nidi hingegen sind die Arbeitsbedingungen für das zumeist ebenso hoch qualifizierte Personal schlechter: Die Gehälter sind niedriger, die Arbeitszeiten länger und in vielen Fällen gibt es weniger Möglichkeiten zur Personalentwicklung.

Die für die scuole dell'infanzia zuständigen Institutionen übernehmen die Organisation der Angebote zur Personalentwicklung. Dazu zählt zum einen der Staat in Form der „regionalen Institute für Bildungs- und Erziehungsforschung (IRRE)" sowie das „nationale Dokumentations-Institut für Innovationen und Forschung im Bildungsbereich (INDIRE)". Zum anderen sind die Gebietskörper-

---

[42] Regionales Gesetz Nr. 76/00

[43] Für die Regulationen der Berufsqualifikation im U3-Bereich liegen keine näheren Erläuterungen vor, dies deutet auf das Fehlen einheitlicher Bestimmungen.

schaften bzw. die konfessionellen und privaten Träger Anbieter von Fort- und Weiterbildungsangeboten. In diesem Falle werden die Angebote durch Initiativen und von deren Dachverbänden durchgeführt.

6 Integrierte und flexible Angebote

6.1 Politische Strategie

Integrierte Angebote zur Kinderbetreuung stellen mittlerweile einen wichtigen Bestandteil des allgemeinen Betreuungssystems Italiens dar. Die so genannten „neuartigen Einrichtungstypen" stellen integrierte Dienstleistungen bereit, welche den individuellen Bedürfnissen von Kindern und Familien entsprechen. Die Schaffung integrierter Angebote bildet schließlich ebenso eine Reaktion auf die steigende Nachfrage nach U3-Betreuung in Form von asili nidi. Demzufolge ist in Italien ein Trend hin zur Entstehung integrierter Einrichtungen, von Modellprojekten sowie betriebsnaher Kinderbetreuung zu beobachten. Diese Angebotsformen können gerade berufstätigen Eltern eine größere Flexibilität bei der Organisation der Kinderbetreuung ermöglichen.

Den Ausgangspunkt der politischen Strategie zur Schaffung integrierter und flexibler Angebote bildet ein Gesetz aus dem Jahr 2000 (Nr. 62), welches einen wesentlichen Umbruch in der Verwaltungsstruktur der Betreuungseinrichtungen herbeiführte. Durch das Gesetz wurde allen nicht-öffentlichen Einrichtungen erstmals eine offizielle Akkreditierung und damit eine gleichwertige Anerkennung ermöglicht. Nachdem das Gesetz in Kraft getreten war, bewarben sich die meisten nicht-staatlich getragenen scuole dell'infanzia für die Anerkennung eines gleichwertigen Status (parità scolastica) gegenüber staatlichen Einrichtungen. Für die Lizenz einer scuole paritarie mussten diese (ebenfalls von den Kommunen betriebenen) Einrichtungen bestimmte staatlich festgelegte Auflagen erfüllen, um ein gleichwertiges Qualitätsniveau sicherzustellen.

In der Provinz Pescara wurden im regionalen Rechtsakt Nr. 76 aus dem Jahr 2000 erstmals die Voraussetzungen für einheitliche Standards für den Betrieb von Kinderbetreuungseinrichtungen geschaffen. Das Gesetz zielt auf den quantitativen Ausbau von formalen Betreuungsangeboten. Es definiert weiterhin die Merkmale für unterschiedliche Einrichtungsformen und reguliert die Vorgehensweise zur Akkreditierung dieser Angebote. Durch die Schaffung von strukturellen und organisatorischen Standards wurde die Regulation von Einrichtungen möglich, welche zuvor keine eindeutige Lizenz besaßen und ohne feste Richtlinien betrieben wurden. Die verschiedenen Träger werden somit unterstützt, durch die Schaffung diversifizierter Angebote auf die individuellen Bedürfnisse von Familien einzugehen. Durch den Ausbau flexibler Betreuungsoptionen soll schließlich die Starrheit der vorhandenen, staatlichen Angebote stufenweise überwunden werden.

In ganz Italien sind dementsprechend neuartige, integrierte Einrichtungsformen geschaffen worden, welche das Betreuungsangebot der bereits vorhandenen Einrichtungen sinnvoll erweitern können. In der Region Abbruzo ist es dadurch zu einer Ausweitung der Anzahl von Trägern und deren Einrichtungen gekommen. Dort überwiegt seither der Anteil privater Träger, wodurch vielfältigere und oftmals flexiblere Betreuungsangebote entstanden sind. In dieser Region lassen sich auch die folgenden Einrichtungstypen vorfinden, welche oftmals ein Element integrierter Angebote darstellen:

Centro Gioco:
Diese Einrichtungen (wörtlich: „Spielzentren“) bieten Angebote zur Kinderbetreuung außerhalb der Öffnungszeiten von Kindertageseinrichtungen oder der Schulzeiten. Es handelt sich um Freizeitzentren, deren Angebote keinem spezifischen Curriculum oder Bildungsauftrag folgen. Die Kinder kommen in diese Einrichtungen, um unter Beaufsichtigung zu spielen. Der Altersbereich der Kinder ist nicht verbindlich festgelegt und kann kommunal variieren, so dass die Zentren auch von Jugendlichen besucht werden.

Centro bambini e genitori:
Diese „Zentren für Kinder und Eltern“ ähneln den oben genannten nidi d'infanzia hinsichtlich ihrer Angebotsgestaltung, der internen Organisation sowie ihren Öffnungszeiten. Ein spezifisches Merkmal besteht allerdings in der intensiven Integration der Eltern in die täglichen Angebote.

6.2 Kooperation

Mit der Einführung der Position des „Koordinators“ im pädagogischen Team der scuole dell'infanzia (vgl. Kap. 5) wurde der Versuch unternommen, die Organisationsplanung und Angebotsinhalte mehrerer Einrichtungen miteinander abzustimmen. Dadurch, dass der Koordinator einrichtungsübergreifend arbeitet, besteht die Möglichkeit, die Ansprüche der beteiligten Akteure wie Eltern, pädagogisches Personal und Verwaltung entsprechend einzubeziehen und letztlich deren Kooperation zu intensivieren. Dem Koordinator kommt damit eine Schlüsselposition für die Organisation integrierter Angebote zu: Er kann Vereinbarungen mit kommunalen Trägern eingehen, um bspw. Betreuungsangebote für unter Dreijährige in das Angebot einer scuola dell'infanzia zu integrieren.

Hinsichtlich der Kooperationsstrategien zwischen formellen und informellen Betreuungsanbietern liegen für die Provinz Pescara bislang keine Erfahrungen vor. Dies lässt sich darauf zurückführen, dass die Träger institutioneller Kinderbetreuung die Tagesmütter als Konkurrenten ansehen und eine Zusammenarbeit meiden. Auch die Kooperation zwischen Betreuungsanbietern und anderen Diensten der sozialen Infrastruktur ist eher selten – in einigen Fällen erklären sich aber bspw. Kinderärzte, kommunale Verwaltungsvertreter oder Sozialarbeiter als gegenseitige Ansprechpartner dazu bereit, im Bedarfsfall eine Weitervermittlung zu übernehmen.

Was die Kooperation zwischen dem Betreuungs- und dem Schulsektor betrifft, wird bspw. für die Region Abruzzo im Rechtsakt 76/00 zwar die Notwendigkeit einer formalen Gestaltung dieser Übergangsphase angesprochen, jedoch nicht näher ausgeführt. In einigen anderen italienischen Regionen wird allerdings schon die Transitionsphase zur scuola dell'infanzia konkret ausgestaltet. In der „sezione ponte" (wörtlich: „Brückenphase") werden Kinder im Alter zwischen 2-3 Jahren gemeinsam von Fachkräften aus den Einrichtungen für unter Dreijährige und der weiterführenden Einrichtungen betreut.

6.3 Flexibilität

In Italien existieren keine spezifischen Angebote zur Kinderbetreuung, die explizit dem Konzept der „Flexibilität" folgen. Aufgrund seiner seltenen Verwendung scheint der Begriff also – im Gegensatz zu den übrigen untersuchten Ländern – weder im öffentlichen Diskurs aufzutreten noch bewusst auf die politische Agenda gesetzt zu werden. Demzufolge gibt es in Italien keinen gezielten politischen Willen, der den Ausbau dieser Art von Kinderbetreuung steuert. Bislang existieren folglich auch keine entsprechenden gesetzlichen bzw. institutionellen Grundlagen. Schließlich verweist das italienische Verständnis von „Flexibilität" erneut auf regionale Divergenzen, da der Begriff von Nord- nach Süditalien unterschiedlich interpretiert wird.

Dennoch zeigen die verschiedenen Einrichtungstypen insgesamt eine scheinbar „unbewusste" Tendenz zur Flexibilisierung von Betreuungszeiten: Der asili nido, welcher von Kindern im Alter von drei Monaten bis drei Jahren besucht wird, hat in der Regel montags bis freitags von 7.30 Uhr bis 17.30 Uhr geöffnet. Diese Zeiten gelten insbesondere für öffentliche Einrichtungen – die der privaten Träger verfügen oftmals über ausgedehnte Betreuungszeiten in den Abendstunden, bis etwa 19.30 Uhr. Diese Entwicklung hin zu verlängerten Öffnungszeiten privater Einrichtungen fällt zwar eindeutig in die Kategorie der Flexibilisierung, allerdings würde dem italienischen Verständnis nach der jeweilige Anbieter nicht explizit auf die „Flexibilität“ seiner Betreuungsangebote verweisen.

In der formellen Betreuungsoption der nidi domiciliare können maximal drei Kinder im Haus einer pädagogischen Kraft für höchstens vier Stunden pro Tag betreut werden. Die Obergrenze für die tägliche Anwesenheit eines Kleinkindes in einem centro gioco liegt hingegen bei fünf Stunden. Bei den scuole dell'infanzia für drei- bis sechsjährige Kinder orientieren sich die Öffnungszeiten meistens am Schulbetrieb, d.h., Betreuungsangebote stehen unter der Woche typischerweise zwischen 8.30 Uhr bis 16.30 Uhr zur Verfügung. Dabei arbeiten einige dieser Einrichtungen mit flexiblen Zeitmodellen, die schließlich ein vorgegebenes Pensum von mindestens 875 Stunden und maximal 1700 Stunden pro Jahr einhalten müssen.

Aufgrund der insgesamt ausgedehnten Öffnungszeiten der scuole dell'infanzia als auch der asili nidi von durchschnittlich zehn Stunden pro Tag werden in den Einrichtungen zumeist Mahlzeiten und Ruheräume bzw. Schlafmöglichkeiten angeboten. Die Kinder verbringen durchschnittlich sechs Stunden pro Tag in der Einrichtung, allerdings liegt keine genaue Regelung bezüglich der maximalen Anwesenheitszeiten der Kinder vor. Die durchschnittliche Gruppengröße im asilo nido liegt bei ca. zehn Kindern mit einem Personalschlüssel von 7:1. Für die scuole dell'infanzia gilt eine Gruppengröße von maximal 25 Kindern als durchschnittlich, wobei diese in der Regel von zwei Fachkräften betreut werden. Die pädagogischen Fachkräfte der öffentlich getragenen Einrichtungen sind dabei vertraglich an eine maximale tägliche Arbeitszeit von sechs Stunden gebunden.

In den meisten Regeleinrichtungen durchschnittlicher Größe verwendet man daher gestaffelte Arbeitszeiten. Beispielsweise arbeiten insgesamt drei Erzieher/innen in einer Einrichtung: Die erste Kraft übernimmt den Dienst ab den Morgenstunden bis zur Mittagszeit (von 7.30 Uhr bis 13.30 Uhr). Im Laufe des Vormittags gegen 10 Uhr stößt eine zweite Kraft für die Betreuung in der Kernzeit hinzu. Die dritte Kraft würde dann gegen 14 Uhr in die Einrichtung kommen und gegebenenfalls die Betreuung am Abend alleine übernehmen, da die meisten Kinder die Einrichtung gegen 16 Uhr verlassen. Das Beispiel lässt vermuten, dass eine Einrichtung mit verlängerten Öffnungszeiten der Herausforderung von personellen Engpässen und Überstunden gegenübersteht. Dies ergibt sich insbesondere mit der Einhaltung der gesetzlichen maximalen Tagesarbeitszeit von sechs Stunden. Diese starke Auslastung kann beim Personal zu Unzufriedenheit und einer erhöhten Personalfluktuation führen.

Die Arbeitszeiten von Tagesmüttern unterliegen hingegen keiner Regulation, da sie nicht als Teil des formalen Betreuungssystems anerkannt werden. Die Arbeitszeiten können hier stark variieren und beruhen auf individuellen Absprachen mit den Familien. Für die Betreuung während der Schulferien, an Feiertagen, Wochenenden oder über Nacht wird in der Regel in keiner der zuvor genannten Einrichtungen Betreuung angeboten. Die asili nido sind in der Regel von September bis zum darauf folgenden Juni oder Juli geöffnet. Zwar würden in diesem Falle informelle Anbieter wie Tagesmütter eine sinnvolle Betreuungsoption darstellen, jedoch existiert zumindest in der Provinz Pescara keine solche Form von Kooperation zwischen formellen und informellen Angeboten. Tagesmütter wurden also als ergänzende Betreuungsoption bislang nicht in den formellen Sektor integriert und sind daher nur privat zugänglich.

6.4 Finanzierung

In der Provinz Pescara wurde mit dem Projekt „Un Nido per Tutti" („Eine Kita für Alle") ein Weg geschaffen, um auch Kindern aus Familien mit niedrigem Einkommen die Inanspruchnahme eines Platzes in einer privaten Einrichtung zu ermöglichen. Somit kann die Initiative als Versuch betrachtet werden, eine flächendeckende Betreuung sicherzustellen. Da beim lokalen Angebot in Pescara der Anteil privat betriebener Einrichtungen gegenüber den kostenfreien öffentlichen Kitas insgesamt überwiegt, sahen sich bislang auch Familien mit niedrigem Einkommen dazu gezwungen, auf jene kostenpflichtigen Betreuungsplätze auszuweichen bzw. sich auf die Warteliste setzen zu lassen. Durch das Projekt wurden dann in Form eines Gutscheinsystems Subventionen für Eltern mit einem durchschnittlichen Jahreseinkommen unter 25.000 € bereitgestellt, wodurch die Kosten von Angeboten privater Träger gedeckt werden sollten. Neben der Schaffung eines breiteren Zugangs zur formalen Kinderbetreuung kam es somit ebenfalls zu einer teilweisen Angleichung der Preise auf dem Markt kostenpflichtiger Betreuungsangebote.

6.5 Qualität

Die regionale Varianz der Angebote hinsichtlich ihrer Qualität ist ein typisches Merkmal der italienischen Betreuungslandschaft.

Für die staatliche Anerkennung eines gleichwertigen Status zu öffentlichen Einrichtungen (parità scolastica) müssen privat getragene scuole dell'infanzia bestimmte Auflagen erfüllen und interne Anpassungen bezüglich ihrer Angebotsstruktur sowie in den Bereichen Personalentwicklung und Qualitätsmanagement vornehmen (vgl. Kap. 6.1). Dazu zählen konkret die Durchführung von Projekten zu bestimmten Themengebieten, die Bindung an ein Curriculum bzw.

die Aufstellung eines pädagogischen Konzepts sowie die Schaffung von Gremien (z.B. Elternrat etc.), um Eltern und Familien Möglichkeiten zur Mitbestimmung einzuräumen. Weiterhin verpflichten sich die jeweiligen Einrichtungen dazu, Richtlinien hinsichtlich der Betreuung behinderter Kinder umzusetzen und allen Kindern einen Platz zuzusichern, deren Eltern sich darum beworben haben. Einen weiteren Bestandteil der Auflagen bildet die regelmäßige Durchführung von Maßnahmen zur Personalentwicklung.

Trotz dieser staatlich initiierten Steuerungsversuche überlässt die italienische Regierung den einzelnen Einrichtungen ein hohes Maß an Autonomie und Flexibilität hinsichtlich der Qualitäts- und Organisationsentwicklung. In den scuole dell'infanzia wird typischerweise der Bildungsaspekt hervorgehoben, so dass hier verstärkt Experimente und Forschungsprojekte für Kinder durchgeführt werden. Der Leitfaden für die Lerninhalte der scuole dell'inzanzia wird darüber hinaus in nationalen Richtlinien definiert, welche die allgemeinen Zielvorgaben für eine angemessene kindliche Entwicklung und zentrale Lernbereiche formulieren. Pädagogische Ansätze sind kein Bestandteil dieser Richtlinien. Es handelt sich eher um Rahmenvorgaben zur strukturierten Angebotsgestaltung und zur Unterstützung der Entwicklungsdokumentation.

Die Organisation der Angebote wird außerdem in sämtlichen Einrichtungstypen mit den verschiedenen Bedürfnissen der Kinder abgestimmt. Dies schlägt sich bspw. in der räumlichen Gestaltung nieder, indem verschiedene Zonen und thematische Bereiche geschaffen wurden, die mit den zeitlichen Intervallen des pädagogischen Alltags korrespondieren. So gibt es bspw. einen Ruhebereich sowie Räume für Aktivitäten (Farben, Theater, Entspannung, etc.), die wiederum vom Koch-, Ess- und Waschbereich separiert sind. Des Weiteren orientieren sich die zeitlichen Intervalle des Tagesablaufs idealerweise an den entsprechenden Aktivitäten der Kinder. Lediglich das Angebot in den Spielzentren (centro gioco) ist weniger strukturiert, so dass die Kinder jederzeit von ihren Eltern zum betreuten Spielen gebracht oder abgeholt werden können.

Grundsätzlich folgt aber jede Einrichtung einem eindeutigen pädagogischen Ansatz bzw. erzieherischen Modell, wobei die Qualität der Betreuung regional stark variiert und sich die Implementierung des Modells eher willkürlich gestaltet. In einigen Regionen sind dabei innovative Betreuungsprogramme entstanden (z.B. in den Regionen Reggio Emilia, Pistoia und Milano), andere Modelle sind diesem Niveau jedoch noch weit unterlegen. Eine wesentliche Ursache für diese divergierenden Entwicklungen liegt sicherlich darin, dass von einigen Provinzen oder Städten konkrete Vorgaben bezüglich der Bindung an ein einheitliches Curriculum und pädagogischer Methoden entwickelt wurden – von anderen Gebietskörperschaften wurde die Verantwortung der Regulation und Kontrolle der vorhandenen Betreuungsangebote bislang nur unzureichend wahrgenommen.

Dies verweist erneut auf die daraus unterschiedlich erwachsenen, lokalen Konstellationen.

7 Zusammenfassung und Ausblick

Das oben vorgestellte Gesetz Nr. 76 aus dem Jahr 2000 stellt eine angemessene Grundlage zur Regulierung und Standardisierung der qualitativen Anforderungen für den Betrieb einer Betreuungseinrichtung für Kinder in Italien dar. Diese Entwicklung kann somit als erster Schritt zur Schaffung einheitlicher und verbindlicher Rahmenbedingungen für die vielfältigen und regional divergierenden Betreuungsstrukturen im Land gewertet werden. Schließlich hat sich im Laufe der Zeit eine große Bandbreite von Betreuungsangeboten um die öffentlich getragenen scuole dell'infanzia herum etabliert – dabei treiben einige private Träger insbesondere den Ausbau integrierter Angebote voran, so dass die Zusammenarbeit des öffentlichen und privaten Sektors gestärkt wurde. Ein wichtiger Schritt bildete dafür nicht zuletzt die rechtliche Grundlage für die gleichwertige Anerkennung privater Betreuungsformen neben der universalen scuola dell'infanzia.

Die Situation in Pescara macht jedoch ebenso darauf aufmerksam, dass das Kooperationsverhältnis zwischen öffentlichen und privaten Anbietern vorwiegend oberflächlich geprägt ist und sich durch ein gegenseitiges Konkurrenzdenken auszeichnet. Dabei kommt den jeweiligen kommunalen Verwaltungen eine wesentliche regulative Aufgabe zu, um die vorhandenen Angebote zu koordinieren, deren Qualität zu kontrollieren und schließlich die Bedürfnisse der Familien zu erfüllen. Die Förderung intensiverer Kooperationsverhältnisse einzelner Anbieter fällt dabei ebenso in den Aufgabenbereich öffentlicher Gebietskörperschaften. Auch war es der untersuchten Provinz bislang nicht möglich, das Gesetz Nr.76/00 innerhalb von nahezu acht Jahren nach dessen Verabschiedung vollständig umzusetzen. Schließlich wird die Befolgung der darin enthaltenen Richtlinien und Qualitätsstandards nur vereinzelt überwacht.

Dennoch nehmen einige Einrichtungen eine Vorreiterrolle für die Entwicklung integrierter Angebote ein, indem sie auf die vielfältigen Möglichkeiten durch die Bereitstellung ganzheitlicher Betreuungsangebote verweisen. Italien verfügt zweifelsohne über die pädagogische und organisatorische Expertise, und viele Betreuungsmodelle sind weltweit für ihre hohe Qualität bekannt, wie z.B. pädagogische Modelle aus der Region Emiglia Reggio. Dennoch bleiben diese Angebote bis heute lokal beschränkt und sind bislang nur punktuell für einen begrenzten Kreis von Familien verfügbar. Die flächendeckende Verbreitung der wertvollen Erfahrungen und des pädagogischen Wissens aus diesen Erfolgsmodellen muss weiter vorangetrieben werden. Zum Teil geschieht dies bereits durch

Fort- und Weiterbildungsangebote des „nationalen Dokumentations-Instituts für Innovationen und Forschung im Bildungsbereich (INDIRE)“. Es gilt dennoch, diese Bemühungen weiter zu vertiefen.

Außerdem liegt in der Koordination der einzelnen Verwaltungsebenen ein weiterer Schlüsselaspekt, um ein kohärentes, universell verfügbares Betreuungssystem in Italien aufbauen zu können. Die gegenwärtige Fragmentierung der Verantwortungsbereiche hemmt jedoch das Erreichen dieses Oberziels. Vor diesem Hintergrund hat sich der Ruf nach einer erhöhten Koordination politischer Steuerungsprozesse in der letzten Zeit verstärkt. Dies betrifft sowohl die vertikalen (Regionen, Provinzen, Gemeinden und Städte), als auch die horizontale Dimension (über staatliche, öffentliche und private Träger hinweg) gleichermaßen. Transparentere administrative bzw. rechtliche Rahmenbedingungen können hierbei bspw. eine reibungslose Finanzierung aller Angebote sicherstellen: Gerade private Träger können bislang nur begrenzte öffentliche Mittel beanspruchen, obwohl sie mittlerweile von einem wesentlichen Anteil von Kindern in Anspruch genommen werden.

Der weitergehende quantitative Ausbau von formalen Betreuungsangeboten – gerade für unter Dreijährige – sollte ein Hauptziel der italienischen Politik bleiben. In den letzten Jahren ist zwar die Anzahl aller formalen Einrichtungsformen gewachsen, dennoch richtet sich das Betreuungssystem immer noch primär auf den Altersbereich zwischen 3 und 6 Jahren. Zum anderen würde die potenzielle Nachfrage der Familien mit Kindern im entsprechenden Alter das tatsächlich in Anspruch genommene Betreuungsangebot bei weitem übersteigen. Die einzelnen Familien sollten daher weiterhin zur Nutzung institutioneller Betreuungsstrukturen stimuliert werden. Eine steigende Nachfrage könnte schließlich zu einem gesunden Wettbewerb verschiedener Anbieter führen, wobei sich am Ende jene mit qualitativ hochwertigen Betreuungsangeboten durchsetzen würden.

8 Literatur

EUROSTAT (2008): Strukturindikatoren. http://epp.eurostat.ec.europa.eu

Istituto degli innocenti (2002): I servizi educativi per la prima infanzia. Indagine sui nidi d'infanzia e sui servizi educative 0-3 anni integrative al nido 30 settembre 2000. Florenz

Legge Nationale (1997), 28. August, Nr. 285: Disposizioni per la promozione di diritti e di opportunità per l'infanzia e l'adolescenza. http://www.camera.it/parlam/leggi/97285l.htm

Legge Nationale (1999), 2. August, Nr. 264: Norme in materia di accessi ai corsi universitari. http://www.parlamento.it/parlam/leggi/99264l.htm
Legge Regionale (2000), 28. April, Nr.76: Norme in materia di servizi educative per la prima infanzia. http://www.regione.abruzzo.it/xDirezioni/dirQualVita/docs/documenti/15attuazione_legge_76_2000.pdf
OECD (2006): Starting Strong II: Early Education and Care. S. 359-368.
Webseite der Region Abbruzo: htt://www.regione.abruzzo.it/portale/index.asp

Länderreport Großbritannien (England)

Da die Zuständigkeiten für das Bildungs- und Betreuungssystem in Großbritannien nach den einzelnen Verwaltungsbezirken England, Nordirland, Schottland und Wales dezentralisiert gegliedert sind, formuliert jede Region ihre eigenen gesetzlichen und administrativen Rahmenbedingungen im System der Kinderbetreuung. Dadurch ist es in den letzten Jahrzehnten zu unterschiedlichen Entwicklungen im Betreuungssektor in den einzelnen Bezirken gekommen, die sich nicht auf das gesamte Vereinigte Königreich beziehen lassen. Der Großteil der Inhalte dieses Länderreportes bezieht sich daher insbesondere auf die Region England.[44]

1 Historischer Hintergrund und politische Trends

Die historische Entwicklung der institutionellen Kinderbetreuung Großbritanniens („Early Childhood Education and Care, ECEC") ist untrennbar mit der Dynamik des politischen und sozialen Klimas seit dem frühen 19. Jahrhundert verbunden. Die Geschichte verweist auf die stetige Annäherung von fragmentierten hin zu integrierten Strukturen sowie von individuellen Initiativen hin zu einer kohärenten, nationalen Betreuungspolitik.

Die erste integrierte Einrichtung, in der Angebote zur Kinderbetreuung mit medizinischen und sozialen Dienstleistungen gebündelt an einem Ort unterbreitet wurden, geht auf die Idee des Walisers Robert Owens zurück, welcher im Jahr 1816 im schottischen New Lanark eine „Einrichtung für die Persönlichkeitsentwicklung" (Institution for the Formation of Character) eröffnete. Dieser erste Meilenstein zur Entwicklung integrierter, frühpädagogischer Betreuungsangebote basiert schließlich auf der grundlegenden Erkenntnis, dass die um Betreuungsaufgaben entlasteten Mütter effektiver ihren übrigen Pflichten nachgehen könnten. Nachdem über einen universellen Ausbau ähnlicher Einrichtungsformen nachgedacht wurde, entstand schließlich im Jahr 1873 der erste öffentliche Kindergarten in England. Zur Jahrhundertwende folgten etliche Gemeinden diesem Vorbild, und die Zahl der formell betreuten Kinder stieg seither ständig an.

---

[44] Ein recht herzlicher Dank für die freundliche Unterstützung mit umfangreichen Informationen zum britischen System der Kinderbetreuung gilt an dieser Stelle Prof. Chris Pascal und Prof. Tony Bertram vom „Centre for Research in Early Childhood (CREC)" in Birmingham (http://www.crec.co.uk).

Während des zweiten Weltkrieges wurde der flächendeckende Ausbau von öffentlichen Kindertagesstätten (*day nurseries*) in vielen Gemeinden Großbritanniens weiter vorangetrieben, was insbesondere auf den steigenden Bedarf weiblicher Arbeitskräfte für die Rüstungsindustrie zurückzuführen war. Hierbei ergriff schließlich das nationale Arbeitsministerium die Initiative zur Ausweitung von Betreuungszeiten und zu einer verbesserten Erreichbarkeit von formellen Angeboten. Seit 1944 befanden sich diese vorschulischen Einrichtungen in der Trägerschaft der lokalen Bildungsbehörden („Local Education Authorities, LEA"), welche sich zu diesem Zeitpunkt allerdings mit Finanzierungsengpässen konfrontiert sahen. Hinzu kam, dass sich das gesellschaftliche Rollenverständnis von Müttern änderte, welche nun von der Industriearbeit an den „heimischen Herd" als Hausfrauen zurückkehren sollten. Diese Entwicklungen hatten zur Folge, dass bis in die 60er-Jahre ein großer Teil der öffentlichen Kindertagesstätten geschlossen oder als Vorschulen an die lokalen Bildungsbehörden übergeben wurden. Die Sektoren Bildung und Betreuung wurden deshalb seither separat betrachtet, und die staatliche Unterstützung in beiden Sektoren wurde zurückgefahren.

Die so entstandene Trennung zwischen den Bereichen Bildung und Betreuung stellt bis heute noch ein charakteristisches Merkmal des britischen Betreuungssystems dar. Vor diesem Hintergrund wendeten sich gerade berufstätige Eltern an Tagesmütter als eine alternative Betreuungslösung, so dass sich ein rasch wachsender, informeller Betreuungssektor etablierte. Der abermals angestrebte Ausbau öffentlicher Betreuungseinrichtungen wurde durch das wirtschaftliche Klima der 70er-Jahre und die Ölkrise gehemmt, so dass die Finanzierbarkeit wiederum ein zentrales Problem darstellte.

Schließlich folgten drastische pädagogische Reformen, welche die Rolle des nationalen Bildungssystems neu definierten. Seit einem Rechtsbeschluss aus dem Jahr 1988 (Education Act) entstand schließlich eine Qualitätsdebatte um die Gestaltung der Curricula im Primarbereich, was gleichzeitig eine Umstrukturierung der Angebote und deren Qualitätsüberprüfung in öffentlichen Kinderbetreuungseinrichtungen bewirkte. Dadurch wurde ebenso der Bildungsauftrag frühkindlicher Pädagogik in den Vordergrund gerückt. Für die Organisation der Kinderbetreuung – speziell in Form von einjährigen Vorschulangeboten – trugen bis dato noch die lokalen Behörden die Verantwortung, jedoch nahm die Rolle privater Anbieter gerade in den 80er-Jahren stetig zu.[45] Der Anteil privater Anbieter von Kinderbetreuung in Großbritannien (wozu unabhängige und Non-

[45] Die Zahl der Betreuungsplätze privater Anbieter verdreifachte sich im Zeitraum von 1985 bis 1991 auf 76.000 Plätze. Private Kindertagesstätten bieten seither diese kostenpflichtigen, ganztätigen Angebote für Kinder im Alter von 0 bis 5 Jahren an. (Simon 1991)

Profit-Organisationen zählen) ist auch heute noch mit etwa 40 % der höchste in allen europäischen Ländern.

Im Jahr 1997 schlug die britische Labour-Regierung dann mit der „National Childcare Strategy“ einen neuen strategischen Kurs für eine Verbesserung der Zugänglichkeit und der Qualität des Betreuungssektors ein. Dies ebnete den Weg für einen tiefgreifenden politischen Umbruch hinsichtlich der Umsetzung folgender Oberziele: Die Stärkung des Bildungsauftrags und der Elternintegration, die Senkung der Kinderarmut, die Verbesserung der Gesundheit, die Reduzierung sozialer Isolation sowie die Schaffung gleicher Chancen für alle Kinder und Familien. Um diese Strategie reihten sich weitere Initiativen der Regierung zum Ausbau integrierter Angebote – insbesondere zur Benachteiligtenförderung – wie „SureStart“, „Early Excellence“ und das „Neighbourhood Nurseries Programme“.[46] Nach den ersten positiven Erfahrungen mit diesen Initiativen knüpft die Regierung bis heute an diese Strategie an und hält somit an einem qualitativen und quantitativen Ausbau integrierter Betreuungsangebote für den vorschulischen Bereich fest. Die Verbindung des Bildungs- mit dem Betreuungssektor steht somit weiterhin im Vordergrund, um Frauen den Eintritt in den Arbeitsmarkt zu ermöglichen und die Chancen zum „lebenslangen Lernen“ zu erweitern. Aktuelle Programme stellen dazu derzeit „Children's Centres (Kinderzentren)“ und „Extended Schools (erweiterte Schulen)“ dar.

[46] Auf die genauen Inhalte dieser Initiativen wird im weiteren Verlauf dieses Reports eingegangen werden.

2 Strukturdaten Großbritannien

Bruttoinlandsprodukt (BIP)	1.9121 Mrd. € (2006) / 27.700 € (p.c.)
Anteil der Personen unter der Armutsgrenze	18 % (2004)*
Fertilitätsrate	1,84 (2006)
Anteil der Kinder im Alter von 0 – 15 Jahren an der Gesamtbevölkerung	17,6 % (2007)

Tabelle 1: Strukturdaten Großbritannien

Quelle: Eurostat 2008 / *National Statistics (2005): Anteil aller Personen unter 60 % des aktuellen Durchschnittseinkommen in Großbritannien nach McClements und der modifizierten OECD Armutsdefinition.

3 Anbieter und Betreuungsformen

Die Mehrzahl der in England lebenden, berufstätigen Eltern mit Kindern unter drei Jahren nutzt eine private Betreuungsoption, wie etwa Spielgruppen (*play groups*), Tageseinrichtungen mit entsprechenden Angeboten (*day nurseries*) oder nimmt Tagesmütter in Anspruch. Ab einem Alter von 3-4 Jahren besuchen fast alle englischen Kinder eine institutionelle Betreuungseinrichtung, bevor sie im Alter von vier Jahren bereits optional mit der einjährigen Vorschule *reception class* (Aufnahmeklasse) beginnen. Die meisten dieser Vorschulangebote werden innerhalb der kommunal getragenen, öffentlichen Grundschulen bereitgestellt.

Daran anschließend beginnt die Schulpflicht offiziell im Alter von 5 Jahren und endet mit 16 Jahren. Im Alter von 5 Jahren besucht jedes englische Kind täglich 38 Wochen im Jahr von 9 Uhr bis 15.30 Uhr die Schule. Der außerschulische Betreuungssektor umfasst dementsprechend die Altersspanne von 0-4 Jahren. Im Jahr 2000 wurde von der Regierung die so genannte „Foundation Stage“[47] als erster inhaltlicher Teil des nationalen Curriculums eingeführt. Es handelt sich dabei um einen Leitfaden, der eine gemeinsame Grundlage hinsichtlich pädagogischer Inhalte und Qualitätsstandards für die Betreuung von Kindern im

[47] Nähere Informationen im Internet unter: http://www.standards.dcsf.gov.uk/eyfs/

Alter von 0-5 Jahren definiert. Da dieser Altersbereich sowohl den vorschulischen Betreuungs- als auch den schulischen Bildungssektor umfasst, soll mit der *Foundation Stage* die strukturelle Integration beider Sektoren erzielt werden.

Die Verantwortlichkeit für institutionelle Angebote zur Kinderbetreuung (ECEC) für den Altersbereich von 0-4 Jahren wird in England gemeinschaftlich sowohl auf der nationalen als auch auf der regionalen Ebene übernommen. Der Träger der jeweiligen Einrichtung ist dabei im Allgemeinen für die Verwaltung der Einrichtungen zuständig, was die Sicherstellung der Finanzierung sowie die Anstellung und Entlohnung des Personals betrifft. Falls ein Träger einen Untervertrag mit einem anderen Anbieter schließt, so liegen diese Zuständigkeiten entsprechend in dessen Verantwortung. Etwa 60 % aller Einrichtungen sind öffentlich getragen und werden gemeinsam von der Regierung und den lokalen Gebietskörperschaften betrieben. Ausführende Behörden sind in diesem Falle die lokalen Bildungsbehörden („Local Education Authorities, LEA").

Der Anteil privater Träger, wozu ebenfalls unabhängige, Non-Profit bzw. wohltätige Organisationen zählen, ist in England mit den übrigen 40 % vergleichsweise hoch. Diese Anbieter stellen relativ kostengünstige und gut erreichbare Betreuungsplätze für unter Vierjährige bereit. Die „Preschool Learning Alliance (PLA)"[48] bildet hierbei als Schirmorganisation einen der einflussreichsten privaten Non-Profit Anbieter für Kinderbetreuung. Die PLA ist in mehr als 15.000 Einrichtungen für unter Vierjährige in ganz England vertreten. Neben der unmittelbaren Trägerschaft bietet die PLA vielfältige Unterstützungsleistungen für Praktiker an, welche typischerweise in die Angebote von Einrichtungen integriert werden (s. Kap. 6.3). Zu diesen zählen Informations- und Beratungsangebote für Eltern, Maßnahmen zur Personalentwicklung und Qualitätssicherung ebenso wie Familienprogramme und weitere Initiativen zur Elternintegration. Letztlich war die PLA maßgeblich an der Erweiterung von Betreuungsangeboten und -formen im frühpädagogischen Bereich beteiligt.

Darüber hinaus spielen Tagesmütter gerade für den Altersbereich der unter Vierjährigern eine weitere zentrale Rolle im Betreuungssystem Englands. Die Zahl der Tagesmütter ist stetig angewachsen, da diese Betreuungsoption oftmals eine kostengünstigere Alternative für Familien mit niedrigem Einkommen bietet. Allein zwischen den Jahren 1985 und 1991 wuchs die Zahl registrierter Tagesmütter um 81 % an. Darüber hinaus bietet der nationale Dachverband der Tagesmütter („National Childminders Association, NCMA") eine offene Mitgliedschaft für Tagesmütter, Eltern und Familien. Durch die NCMA können dadurch lizenzierte Tagesmütter gezielt vermittelt werden. Des Weiteren bietet die NCMA Fort- und Weiterbildungsmöglichkeiten für Tagesmütter an, die aus

[48] Weitere Informationen zur PLA im Internet unter: http://www.pre-school.org.uk

staatlichen Mitteln finanziert werden. Der Anteil unregistrierter Anbieter bleibt dennoch vergleichsweise hoch, so dass verschiedene Gesetzgebungen dem informellen Status von Tagesmüttern bislang nur teilweise entgegenwirken konnten.

Betrachtet man die altersabhängige Nachfrage nach verschiedenen Betreuungsformen, so lässt sich feststellen, dass etwa 30 % aller Kinder im Alter zwischen 1 und 3 Jahren von einer Tagesmutter oder in einer privaten Einrichtung betreut werden, welche zusammen 86 % der Betreuungsleistungen für diesen Altersbereich übernehmen. Es ist damit zu rechnen, dass sich der Marktanteil der privaten, formellen Betreuungsangebote dabei in den kommenden Jahren ausweiten wird.

Ferner besteht in England ein Rechtsanspruch auf einen kostenlosen Betreuungsplatz für alle Kinder ab einem Alter von 3 Jahren für eine Dauer von maximal 2 Jahren bis zum Schuleintritt. Die Plätze können in den Einrichtungen aller Träger in Anspruch genommen werden, die dafür vorgesehene öffentliche Mittel erhalten. Ein solcher kostenloser Platz umfasst eine Betreuung von mindestens 2,5 Stunden pro Tag an fünf Tagen in der Woche, für 38 Wochen im Jahr. Die Regierung sieht vor, bis zum Jahr 2010 die minimale wöchentliche Betreuungszeit dieser kostenlosen Plätze auf 15 Stunden zu erhöhen (DfES 2007). Von den insgesamt 96 % aller Dreijährigen in England, welche diese Leistung in Anspruch nehmen, sind mehr als die Hälfte im privaten bzw. ehrenamtlichen Sektor untergebracht. Des Weiteren waren im Jahr 2007 rund 98 % der Vierjährigen für mindestens 2,5 Stunden täglich in einer Kindertageseinrichtung angemeldet. Hierbei stellen die lokalen Schulbehörden als Träger einen Anteil von 70 % dieser Plätze bereit – meistens in den Räumlichkeiten der Grundschulen (vgl. OECD 2006: 418; DfES 2007).

4 Finanzierung

Die Gesamtausgaben für den Bereich der institutionellen Kinderbetreuung beliefen sich im Jahr 2005 auf 0,47 % des nationalen BIP (OECD 2006). Dabei stammten 95,8 % dieser Ausgaben aus öffentlichen Quellen, die restlichen 4,2 % stammten aus privaten Haushalten. Die öffentlichen Subventionen wurden dabei in den vergangenen Jahren ständig ausgeweitet – insbesondere seit Beginn der nationalen Strategie für den qualitativen und quantitativen Ausbau institutioneller Betreuungsangebote aus dem Jahr 1997. So umfasste das Volumen der staatlichen Subventionen für Betreuungseinrichtungen im Jahr 2002/03 eine Summe von 3,6 Mrd. britischen Pfund (GBP) bzw. 3,8 Mrd. GBP im Jahr 2003/04. Für das Jahr 2007/08 wurden die Ausgaben nochmals auf 4,4 Mrd. GBP erhöht (DfES 2007).

In den meisten Fällen geht der mengenmäßige Ausbau der Betreuungsplätze auf die öffentlichen Subventionen zurück, die sowohl auf Seiten der Anbieter als auch auf Seiten der Nachfrager verfügbar sind. Zum einen besteht in England der Rechtsanspruch auf einen Betreuungsplatz für Eltern mit Kindern im Alter zwischen 3 und 5 Jahren. Darüber hinaus wurden für berufstätige Eltern mit der Einführung des „Child Care Tax Credit“ im Jahre 1998 steuerliche Vergünstigungen geschaffen, was insbesondere Haushalten mit geringem und mittlerem Einkommen eine verbesserte Finanzierbarkeit von Betreuungsplätzen ermöglichte. Anspruchsberechtigt sind Eltern, die mindestens 16 Stunden pro Woche berufstätig sind, was allein erziehende Eltern gleichermaßen einschließt. Durch dieses Subventionsmodell wird seit dem Jahr 2006 ein Anteil von 80 % der Kosten für einen Betreuungsplatz vom Staat übernommen – die Obergrenze liegt dabei bei 175 GBP für ein Kind und bei 300 GBP für zwei oder mehr Kinder pro Familie. Familien mit niedrigem Einkommen und Kinder mit Behinderungen oder Lernschwächen können zusätzliche öffentliche Subventionen beanspruchen.

Da der *Child Care Tax Credit* ausschließlich zur Finanzierung von lizenzierten Betreuungsanbietern genutzt werden kann, erhöht sich damit folglich auch der Druck für die Anbieter zur Lizenzierung. Dabei müssen die Träger spezifische Qualitätsstandards erfüllen (s. Kap. 6.5), um ebenfalls öffentliche Mittel beanspruchen zu können. Den Großteil unter den öffentlichen Beihilfen bilden zunächst *Sure Start*-Subventionen, welche über die zuständigen Gebietskörperschaften auf lokaler Ebene verteilt werden. Diese Mittel dienen der Schaffung weiterer Betreuungsplätze und deren langfristigen Sicherung, der Entwicklung und Unterstützung von *Children's Centres* sowie Maßnahmen zur Personalentwicklung. Mit der Einrichtung eines *Sure Start*-Fonds legte man damit die zuvor pluralisierten Finanzierungsströme in eine einheitliche Quelle zusammen.

Die Kosten für einen Betreuungsplatz in England errechnen sich grundsätzlich auf Grundlage der jeweiligen Marktsituation, so dass die Elternbeiträge stark anbieterabhängig variieren können. Der durchschnittliche Anteil des Elternbeitrags an den gesamten Betreuungskosten liegt bei ca. 45 %, wobei bis zu 80 % dieses Anteils durch öffentliche Beihilfen gedeckt werden können, wenn es sich um Familien mit geringem Einkommen handelt. Die Kosten für Betreuungsangebote privater Träger, welche letztlich von der Mehrzahl aller Familien beansprucht werden, werden von diesen Familien dennoch oftmals vollständig getragen (OECD 2006).

5 Personalqualifikation

Generell variieren die Art der Ausbildung und damit das Qualifikationsniveau des pädagogischen Personals zwischen den einzelnen Betreuungstypen und Einrichtungen. Das Lehrpersonal in den schulischen Einrichtungen verfügt in der Regel über eine akademische Ausbildung (z.B. Hochschuldiplom). Für pädagogische Hilfskräfte (*teaching assistants*) bestehen allerdings mehrere Wege zur Fort- und Weiterbildung für eine Beschäftigung im frühpädagogischen Bereich, so dass dieses Kriterium nicht immer erfüllt wird.

Die Mindestanforderung für diese Hilfskräfte bildet das „Level 3 Diploma", welches zur Betreuung von Kleinkindern ohne eine weitere Aufsichtsperson berechtigt. Das Personal, das mit vier- und fünfjährigen Kindern arbeitet, muss zumindest die Qualifikation als Kinderpfleger/innen besitzen („Level 2 Diploma"), was die Betreuung zusammen mit einer weiteren Aufsichtsperson vorschreibt. Etwa 50 % des Personals in Kindertageseinrichtungen verfügt über ein *Level 3 Diploma* oder ein höheres Qualifikationsniveau. Dies ist ebenso der Fall für 80 % der Führungskräfte in den Einrichtungen. 20 % des Personals verfügt zumeist über eine akademische Ausbildung. Etwa 30 % der Mitarbeiter in regulären Einrichtungen besitzen keinen Ausbildungsnachweis. Von allen registrierten Tagesmüttern verfügen etwa 16 % zumindest über ein *Level 3 Diploma*. Des Weiteren sind Tagesmütter dazu verpflichtet, innerhalb von sechs Monaten nach Aufnahme der Tätigkeit ein Einführungsseminar zu absolvieren, welches von der jeweiligen Gebietskörperschaft anerkannt werden muss und zur Lizenzierung dient (OECD 2006).

Insgesamt lässt sich festhalten, dass das Personal in Einrichtungen privater oder unabhängiger Träger dazu tendiert, niedrigere Qualifikationsniveaus zu besitzen. In Verbindung damit steht außerdem die durchschnittlich niedrigere Entlohnung der Betreuungskräfte im privaten Sektor.

6 Integrierte und flexible Angebote

6.1 Politische Strategie

Im Zuge der von der britischen Regierung gestarteten „National Childcare Strategy" wurde 1999 die Gründung der ministeriumsübergreifenden Abteilung „Sure Start" innerhalb des Bildungsministeriums („Department for Education and Skills, DfES") angestoßen. Durch die interministeriale Zusammenarbeit ist *Sure Start* seither insbesondere damit beauftragt, die Schaffung integrierter Angebote voranzutreiben. *Sure Start* zielt daher auf die Bündelung von Angeboten der frühkindlichen Bildung und Betreuung von Geburt an, der Gesundheitsfürsorge sowie der Beratung und Unterstützung für Eltern. Mit diesem ganzheitlichen Ansatz soll auf die komplexen Bedürfnisse von Kindern und Familien eingegangen werden.

Im Jahr 2002 wurde daraufhin eine ministeriumsübergreifende Revision der Kinderbetreuungssituation durchgeführt („Inter-Departmental Childcare Review, IDCR"), um die aktuelle Situation im Betreuungssektor in der Praxis und auf politischer Ebene zu prüfen und neu zu überdenken (Cabinet Office 2002). Als Ergebnis der Revision wurde der Beschluss gefasst, das derzeit existierende Patchwork aus pluralisierten Angeboten unterschiedlicher Qualität in den Bereichen der frühkindlichen Erziehung, der Kindertagespflege und der familienunterstützenden Dienstleistungen in ein niederschwelliges, finanziell tragbares System integrierter Angebote für alle Kinder und Familien umzuwandeln (Cabinet Office 2002).

Einen erfolgreichen Ansatz zur Umsetzung dieser Zielformulierung zeigen die „Early Excellence Centres (EECs)", welche aus einem 1997 gestarteten Pilotprogramm der Regierung hervorgehen. Diese Einrichtungen gelten bis heute als ein international anerkanntes und innovatives Modell für integrierte Betreuungsangebote. Zunächst nahmen 29 Piloteinrichtungen den Betrieb auf; anschließend wurde das Modell auf weitere Einrichtungen übertragen, so dass das Programm rasch in ganz England ausgebaut wurde. Heute werden die vormaligen *EECs* im Rahmen der aktuellen Programme der Regierung als *Children's Centres* und *Extended Schools* auf derselben konzeptionellen Basis weiterbetrieben und -entwickelt. Die Einrichtungen sollen im Rahmen dieser Strategie eine Vorbildfunktion als Beispiele guter Praxis einnehmen und dienen daher als Wegweiser für die Übertragung auf andere Einrichtungen sowie der Entwicklung integrierter Angebote im ganzen Land.

6.2 Finanzierung

Mit den breit angelegten Initiativen der Regierung sind seit 1997 beträchtliche Investitionen in den Bereichen der Kinderbetreuung und der Frühpädagogik getätigt worden, um die Umsetzung der eingangs erwähnten Oberziele zu verwirklichen (OECD 2001). Auf die Revision der Betreuungssituation (IDCR) folgte im Jahr 2002 eine umfassende Prüfung der Ausgaben („Comprehensive Spending Review, CSR"), welche in einer beträchtlichen Erweiterung der Investitionen in die Kinderbetreuung, in die frühkindliche Kinderpflege und die *Sure Start*-Initiative auf umgerechnet ca. 2,2 Mrd. € resultierte. Durch zwei weitere Gesetzesbeschlüsse aus den Jahren 2004 und 2006 sind schließlich alle Bezirke

Englands dazu verpflichtet worden, solche integrierten Angebote für Kinder und ihre Familien zu schaffen und weiter auszubauen.

Das Finanzierungsmodell der *Children's Centres* ist hierbei darauf ausgerichtet, jeder Einrichtung letztlich eine finanzielle Unabhängigkeit zu ermöglichen. Zur Erreichung dieses Ziels übertrug man die Verantwortung zunächst von der nationalen auf die kommunale Ebene. Weiterhin ist vorgesehen, dass die Familien für zusätzliche Leistungen aus dem integrierten Angebot aufkommen müssen, worüber sich das *Centre* dann schließlich finanziert. Momentan steht die britische Regierung allerdings vor einer weiteren umfassenden Revision des Finanzierungsmodells. Schließlich wurde die Möglichkeit der Inanspruchnahme nationaler Mittel aus dem *Sure Start*-Fond ab März 2008 eingestellt, so dass momentan noch viele Kommunen im Unklaren über ihr zukünftiges Budget sind.

6.3 Kooperation

Das typische Modell für Kooperationsverbände einzelner Akteure in der sozialen Infrastruktur bilden die „Early Years Development and Childcare Partnerships (EYDCP)“. In England sind die EYDCPs neben den häufigen Kooperationsbeziehungen der Wohltätigkeitsorganisation „Preschool Learning Alliance (PLA)“ (s. Kap.3) mit Kindertageseinrichtungen ein weiteres zentrales Kooperationsprinzip auf kommunaler Ebene.

Die Idee der EYDCPs geht auf eine Initiative der britischen Regierung aus dem Jahr 1998 zurück, mit der alle lokalen Gebietskörperschaften Englands zur Schaffung von EYDCP-Verbänden verpflichtet wurden. Konkret handelt es sich dabei um Plattformen zur Vernetzung verschiedener Akteure aus dem lokalen Kontext (staatliche, private, konfessionelle, freiwillige, unabhängige), welche grundsätzlich an der Bereitstellung von sozialen Dienstleistungen sowie Angeboten zur Bildung und Betreuung von Kindern beteiligt sind. Bei Befolgung der staatlichen Auflagen zur Planung und Koordination der Angebote stehen jedem EYDCP im Gegenzug zusätzliche öffentliche Mittel zur Verfügung. Dieser Top-down-Ansatz ermöglicht somit einen wichtigen Schritt in die Richtung der strukturierten Planung des Betreuungsangebotes sowie zur gezielten Organisation von Kooperationen. Infolgedessen weckten die EYDCPs bei den einzelnen Akteuren ein grundlegendes Bewusstsein zur Zusammenarbeit, deren Organisation ständig weiterentwickelt wurde.

In den integrierten Einrichtungen selbst wird die Organisation der Kooperation individuell vorgenommen und kann deshalb regional variieren – jede integrierte Struktur bleibt schließlich einzigartig und orientiert sich am lokalen Kontext und damit an der vorhandenen sozialen Infrastruktur. Auch für die *Child-*

ren's Centres ist die Zusammenarbeit verschiedener Anbieter ein elementarer Bestandteil in der alltäglichen Praxis. Zudem legt man häufig besonderen Wert auf die Zusammenarbeit mit Tagesmüttern. Schließlich versuchen *Children's Centres* diese Kräfte kontinuierlich in das Betreuungsangebot der Einrichtung sowie in Maßnahmen zur Personalentwicklung zu integrieren. Die Finanzierungsmodelle einer solchen Kooperation gestalten sich unterschiedlich, werden aber zumeist in Abstimmung mit der PLA oder innerhalb einer EYDCP abgewickelt.

Am Beispiel der *Children's Centres,* welche aus den vormaligen *Early Excellence Centres (EECs)* hervorgegangen sind, lassen sich weiterhin einige konkrete Kooperationsmodelle zur Bereitstellung integrierter Angebote verdeutlichen (vgl. Bertram/Pascal et al. 2002):

- Zentrum mit Einzelstandort (Single Site Centre):

Das *EEC* operiert hierbei von einer einzelnen Einrichtung aus. Die Betreuungsangebote und Beratungsstellen befinden sich direkt in der Einrichtung oder in der unmittelbaren Umgebung. In dieser Kategorie zeigt der Organisationstyp „Single Site/Single Building", dass eine einzelne Einrichtung alle Angebote unter einem Dach bzw. innerhalb eines einzigen Gebäudes, im Sinne eines „one stop shops" bereitstellt. Bei einem weiteren Organisationstyp „Single Site/Campus" befinden sich die Angebote eines einzelnen Zentrums hingegen in verschiedenen Gebäuden, die sich aber in unmittelbarer Reichweite auf einem gemeinsamen (Schul) Gelände oder Grundstück befinden.

- Netzwerk mit mehreren Standorten (Multiple Site Network):

Das *EEC* besteht aus der Gesamtheit eines Netzwerks verschiedener Kinderbetreuungseinrichtungen, die in Kooperation das gemeinsame Leistungspaket bereitstellen. In der Form eines „Neighbourhood Network" handelt es sich um ein Netzwerk-*EEC*, bei dem die verschiedenen Einrichtungen im lokalen Umfeld einer Gemeinde bzw. eines Stadtteils angesiedelt sind. Im Netzwerk-*EEC des* Typs „Distanced Network" sind die angeschlossenen Einrichtungen allerdings geographisch weiter voneinander entfernt. Bei einem weiteren Typ, den „Generalised Sites", wird in jeder der kooperierenden Einrichtung das komplette Leistungsangebot für Kinder, Familien, Erwachsene und Praktiker angeboten. Ein solcher „one stop shop" lässt sich hier ausschließlich durch den Zusammenschluss der Akteure im Netzwerk realisieren. Bei einem letzten Kooperationstyp, den „Specialist Sites", bietet jede angeschlossene Einrichtung des Netzwerk-*EECs* unterschiedliche und spezialisierte Dienstleistungen an (z.B. kann eine Einrichtung besonders auf die Bedarfslage behinderter Kinder, eine weitere auf die Situation sozial benachteiligter Kinder eingehen).

Im Rahmen des *EEC*-Programms aus dem Jahr 1997, dem Vorläufer der aktuellen *Children's Centre*-Initiative, wurden die *EEC*-Piloteinrichtungen ursprünglich entweder als Netzwerke (7 Stk.) oder als einzelne Einrichtungen (Single Site, 22 Stk.) klassifiziert. Diese Einteilung wurde dann mit der Aufnahme der Modelle „campus", „neighbourhood" und „specialist" weiterentwickelt (Bertram/Pascal et al. 2002). Aus einzelnen Evaluationsberichten des Programms geht dabei eine Standortabhängigkeit hinsichtlich der Ausgestaltung der Kooperation hervor. So gelten für Netzwerk-*EECs* in ländlicher oder in städtischer Umgebung jeweils unterschiedliche Rahmenbedingungen für ein erfolgreiches Operieren. An diese Standortfaktoren sind schließlich weitere Herausforderungen geknüpft: Bei einigen Netzwerken bestehen bspw. bis heute Probleme, eine engere und effektivere Zusammenarbeit unter den Partnern herzustellen. Andere hingegen konnten ihre kommunalen oder gemeindeübergreifenden Kooperationen kontinuierlich und strategisch ausbauen. Die individuelle Strategie zur Kooperation scheint deshalb ein Schlüsselelement für einen reibungslosen Betrieb von Netzwerk-*EECs* zu sein. Insgesamt betrachtet scheint aber der Integrationsprozess in diesen netzwerkartigen Organisationstypen schwieriger zu erreichen zu sein, als in den Einzelstandort-*EECs* (*single site Centres*).

Die zugrunde liegenden Organisationsmodelle für die Kooperation der einzelnen Partner in den *EECs* bzw. *Childen's Centres* zeigt die folgende Typologisierung (vgl. Bertram/Pascal 2004):

- Vereinigtes Modell:

Fusionierte Management-, Schulungs- und Mitarbeiterstrukturen sind eng miteinander verbunden, können aber von verschiedenen Sektoren aus bereitgestellt werden. Ein Beispiel für dieses Modell ist eine Einrichtung, die von einem Standort aus arbeitet und komplett integrierte Früherziehung, Kinderbetreuung, familiäre Unterstützungsangebote, Erwachsenenbildung sowie Gesundheitsfürsorge unter einer zusammengefassten Managementstruktur vom eigenen Personal aus anbietet.

- Koordiniertes Modell:

Die Management-, Schulungs- und Mitarbeiterstrukturen sind synchronisiert, so dass die verschiedenen Leistungsanbieter harmonisch zusammenarbeiten, aber jeweils als Einzeleinheiten fortbestehen. Ein Beispiel für dieses Modell ist ein Zentrum, das von einem Standort aus arbeitet und aus einer Kita und einem Nachmittagsbetreuungsangebot für Schulkinder besteht, welches in das Zentrum integriert ist. Die beiden Betreuungsanbieter arbeiten zusammen mit Fachkräften des Gesundheitswesens und mit Trainern aus dem Bereich der Erwachsenenbildung unter der Leitung eines Seniormanagement-Teams.

- Koalitionsmodell:

Management-, Schulungs- und Mitarbeiterstrukturen der Dienstleister operieren in einer Verbundpartnerschaft. Es gibt einen übergreifenden Zusammenschluss der verschiedenen Angebotselemente, jedoch arbeiten die Partner unabhängig voneinander. Ein Beispiel für dieses Modell ist ein Netzwerk von Anbietern frühkindlicher Erziehung und Betreuung, die innerhalb eines Gebietes untereinander, aber auch mit anderen Anbietern kooperieren, wie bspw. mit einem weiterführenden College und einem „Health Centre" (z.B. Ärztezentrum etc.). Die Verbindung wird durch einen vom lokalen Schulamt (LEA) benannten Netzwerk-Koordinator hergestellt.

- Hybridmodell:

Dieses Modell zeigt, dass die integrierte Einrichtung mit einer strategischen Mischung aus den oben vorgestellten Modellen arbeitet, um die gesamte Bandbreite an Angeboten bereitzustellen, ohne dass dabei ein Modell dominiert.

6.4 Flexibilität

Die meisten britischen Schulen werden vom Bildungsministerium dazu aufgefordert, die Betreuung zu Randzeiten außerhalb des Schulbetriebes zu übernehmen (von 8:00 bis 9:00 Uhr morgens bzw. von 15.30 bis 17:00 Uhr nachmittags). Diese erweiterten Betreuungszeiten werden häufig im Schulgebäude oder in Kooperation mit einer lokalen Einrichtung angeboten, wie es aus den oben geschilderten Organisationsmodellen hervorgeht. Die zusätzlichen Kosten müssen jedoch von den Eltern getragen werden, wobei diese je nach Einkommen entsprechende Subventionen beantragen können. Der Ausbau der Angebote einer formellen Nachmittagsbetreuung für Schulkinder („out-of-school time provision, OSP") ist ebenso ein Teil einer Regierungsstrategie aus dem Jahr 2004, welche bis 2010 die Schaffung von schulnahen Betreuungsplätzen für alle Kinder im Alter von 3-14 Jahren verfolgt. Hierbei wird eine weitere Ausdehnung der täglichen Betreuung in schulischen Einrichtungen von 8:00 Uhr bis 18:00 Uhr für das ganze Jahr angestrebt (OECD 2006).

Die Gestaltung der Übergangsphase aus dem Betreuungssektor in die erste Grundschulklasse wird in England mit der einjährigen *reception class* gestaltet. Diese Vorschulklasse kann optional von vierjährigen Kindern besucht werden und ist für Fünfjährige obligatorisch. In Beispielen guter Praxis nimmt das Lehrpersonal der *reception class* im Vorfeld Kontakt zur Familie und ggf. zum Personal in der vorherigen Betreuungseinrichtung des Kindes auf. Die Herstellung eines solchen Dialoges wird auch für die *Children's Centres* vorgesehen. Schließlich wird der Übergangsphase insgesamt eine zunehmende Bedeutung beigemessen und sie findet sich ebenfalls in den inhaltlichen Leitlinien für die *Foundation Stage* wieder.

Informelle Betreuungslösungen durch Tagesmütter sind rund um die Uhr verfügbar, wenn Eltern die Kosten übernehmen. Private Kindertagesstätten tendieren weniger dazu, diese ausgedehnten Öffnungszeiten anzubieten. Formelle Betreuungslösungen über Nacht und an Wochenenden sind weitaus schwieriger zu finden. In vereinzelten Fällen stellen Arbeitgeber betriebliche Kinderbetreuungsangebote für die Kinder ihrer Mitarbeiter/innen zur Verfügung, die auch zusätzliche Plätze für externe Familien bereitstellen. Diese sind allerdings üblicherweise nur im Rahmen der entsprechenden Arbeitszeiten verfügbar.

Zwar existiert der Rechtsanspruch auf einen Kinderbetreuungsplatz, jedoch sind die einzelnen Anbieter ebenfalls dazu verpflichtet, Vorgaben für die maximale Gruppenstärke gemessen an der Größe der Räumlichkeiten einzuhalten. Die Plätze werden somit nach der zeitlichen Reihenfolge der Anmeldungen vergeben – in einigen Einrichtungen bestehen Kooperationen mit sozialen Dienstleistern, wodurch sich die Träger dazu verpflichten, eine bestimmte Zahl an Plätzen für Kinder aus sozial benachteiligten Familien zu reservieren.

So kommt es oftmals zu der Situation, dass gerade Kinder unter 4 Jahren zwischen einer Vielzahl von Anbietern und Einrichtungen im Laufe einer Woche wechseln. Hierdurch wird deutlich, dass die Verfügbarkeit integrierter Angebote in England weiter ausgebaut werden muss, um den Betreuungsbedarf aller Familien entsprechend abzudecken.

Der Transport zwischen den Einrichtungen liegt dabei meistens in der Verantwortung der Eltern. Ausgenommen davon ist der Transport von behinderten Kindern oder solchen mit speziellen Betreuungsbedürfnissen – in diesen Fällen werden die Fahrtkosten aus öffentlichen Mitteln finanziert. Bei einer Schulkinderbetreuung in *Children's Centres* ist es zudem üblich, dass die Schule gemeinsam mit dem *Centre* den Transport organisiert. Für alle weiteren Koordinationsaufgaben, bzw. für Vermittlungen zwischen verschiedenen Diensten steht den Eltern in den *Children's Centres* ein „Key Worker“[49] als individueller Ansprechpartner zur Verfügung. Diese Kraft betreut und berät somit die gesamte Familie, um passgenaue Lösungen für deren individuelle Bedürfnisse zu finden.

---

[49] Siehe dazu auch Kap. 7: Im Best Practice-Beispiel wird in diesem Kontext die Funktion des „Family Workers“ genannt.

Die Behörde für Bildungsstandards („Office for Standards in Education, OfSTED") wurde vom britischen Bildungsministerium zur allgemeinen Qualitätskontrolle des Kinderbetreuungssystems eingerichtet. Seit 2001 werden dazu alle staatlichen Kindertageseinrichtungen von OfSTED durch regelmäßige Inspektionen begutachtet – die Vergabe der öffentlichen Subventionen ist schließlich an die Einhaltung gewisser Standards und damit an eine offizielle Lizenzierung gekoppelt. Ein entsprechendes Verfahren zur Lizenzierung ist für all jene Anbieter obligatorisch, welche die Betreuung von Kindern bis zu einem Alter von 8 Jahren für mehr als zwei Stunden täglich übernehmen. Öffentlich finanzierte Betreuungsanbieter mit Angeboten für Kinder unter 4 Jahren (wie z.B. Grundschulen) sind ebenso dazu verpflichtet, nationale Richtlinien zum Curriculum in ihren Einrichtungen umzusetzen.[50]

Der politische Impuls für eine Verbesserung der Qualität in Betreuungseinrichtungen für Kinder – insbesondere für unter Vierjährige – wurde im Jahr 2001 mit der Einführung der nationalen Standards gesetzt. Diese formulieren qualitative Mindestanforderungen für die Arbeit mit Kindern unter 8 Jahren und für Tagesmütter. Im Jahr 2002 wurde daraufhin ein weiterer Leitfaden veröffentlicht, der sich insbesondere auf die Betreuung unter Dreijähriger richtet. Im selben Jahr wurde der curriculare Rahmen für die Betreuung aller Kinder bis zu einem Alter von 8 Jahren mit dem „Foundation Stage Curriculum" gesetzlich verabschiedet (OECD 2006).

Die durchschnittlich 30 bis 50 Mitarbeiter, die in einem *Children's Centre* beschäftigt sind, orientieren sich bei ihrer Arbeit an diesen nationalen Standards (Bertram et al. 2003: 38f.). Die Zusammensetzung eines Personalteams reicht von ehrenamtlichen Hilfskräften über ausgebildete Erzieher/innen, spezialisierte Fachkräfte aus den verschiedenen angeschlossenen Partneragenturen (Lehrkräfte aus dem Schulbereich, Sozialbehörden, Berufsberatung, Hebammen, Gesundheitsfürsorge) bis hin zur Einrichtungsleitung. Für die Erzieher/innen legt das nationale Curriculum Mindestqualifikationen fest und verlangt entsprechend zertifizierte Berufsausbildungen sowie die Teilnahme an Fortbildungen (DfES 2003: 11ff.). Demnach wird vorgesehen, dass mindestens die Hälfte aller Fachkräfte für die Arbeit mit Kindern von 0-5 Jahren eine entsprechende akademische Ausbildung besitzt. Die Mitarbeiter/innen im Management verfügen meist über Hochschulabschlüsse (bspw. einen B.A.-Abschluss im Bereich Frühpädagogik) und mehrjährige Berufserfahrung.

---

[50] Die Richtlinien werden von der nationalen Qualifikations- und Curriculumsbehörde (Qualifications and Curriculum Authority, QCA) festgelegt. Nähere Informationen unter: http://www.qca.org.uk

Angebote zur Personalentwicklung zählen weiterhin zu den Prioritäten der Leitung und werden entsprechend in den Zentren bereitgestellt, um ein einheitliches Qualifikationsniveau des gesamten Teams zu gewährleisten. Dazu werden in Mitarbeiter-Trainings Erzieher/innen öffentlicher, staatlicher und privater Träger geschult – manche Zentren bieten sogar weiterführende Lehrveranstaltungen für akkreditierte Abschlüsse oder M.A.-Programme an (z.B. das Pen Green Centre in Corby, s. Kap. 7). Die Förderung und Schulung des Personals auf der Managementebene steht dabei ebenso im Vordergrund. Die „National Professional Qualification in Integrated Centre Leadership (NPQCIL)"[51] ist ein Zertifikat, welches sich speziell an die Führungskräfte der *Children's Centre*s, aber auch an weitere integrierte Einrichtungen zur Kinderbetreuung richtet. In einem Trainingsprogramm werden Führungskräfte insbesondere für die Arbeit in interdisziplinären Kontexten zwischen Bildungs- und Betreuungssektor sowie sozialen und gesundheitsorientierten Diensten geschult.

Neben den Inspektionen durch OfSTED, die für alle staatlich registrierten Einrichtungstypen und ebenso für *Children's Centres* gelten, werden die Abläufe der pädagogischen Arbeit in letzteren dokumentiert und evaluiert. Für die Erstellung von jährlichen Evaluationsberichten ist die gemeinnützige Organisation „Centre for Research in Early Childcare (CREC)" im Auftrag der Regierung als externer Evaluator zuständig.[52] Für eine kontinuierliche Datenerfassung wurden alle integrierten Zentren seit Beginn der Pilotphase im Jahr 1997 zusätzlich verpflichtet, regelmäßige Monitorings sowie Selbstevaluationen durchzuführen, die schließlich in monatlichen Abständen beim CREC eingereicht werden (Bertram et al. 2003: 72).

7 Praxisbeispiel

Als ein prominentes Best Practice-Beispiel kann das "Pen Green Centre" im englischen Corby dienen, welches als eine der ersten der 29 Piloteinrichrichtungen der damaligen Early Excellence Centre-Initiative der Regierung aus dem Jahr 1997 an den Start ging:

Bereits im Jahre 1983 wurde das „Pen Green Centre for under 5's and their families" in dem durch die Stahlindustrie geprägten Ort Corby im englischen North Hampshire eröffnet, um eine effektive und kindgerechte Früherziehung zu gewährleisten. Der Kern des Konzepts findet sich in der grundlegenden Einstellung zum Verhältnis zwischen Kindern und Eltern wieder: Im Mittelpunkt steht die Einbindung der Eltern in die Erziehungsarbeit des Kindes. Durch Angebote

---

[51] Nähere Informationen unter: http://www.ncsl.org.uk/programmes/npqicl/index.cfm

[52] Nähere Informationen unter: http://crec.co.uk/

zur Fort- und Weiterbildung werden die Eltern ausgebildet und ihre Kompetenzen und das Selbstbewusstsein zur Erziehung ihrer Kinder gestärkt. Die Eltern werden somit als Experten für ihre Kinder wahrgenommen und haben mit einem so genannte „Family Worker" eine/n Bezugserzieher/in für sich und ihr Kind, was die Zusammenarbeit und die Kommunikation zwischen allen Beteiligten intensiviert. Die Grundlage für eine gemeinsame Erziehungsarbeit wird anhand der Analyse und Dokumentation typischer Verhaltensschemata der Kinder, die während des Spielens auftreten, geschaffen. Durch die Erstellung von Entwicklungsbüchern werden die Fortschritte des Kindes dokumentiert und die Verhaltenschemata werden visuell (durch Film und Foto) festgehalten.

Um dem individuellen Entwicklungsstand der Kinder gerecht zu werden, folgt das Pen Green Centre dem Konzept eines „one stop shop". Den komplexen Bedürfnissen des Kindes und der Eltern entsprechend gibt es ein breites und ständig wechselndes sowie expandierendes Angebot an Projekten, Kursen, Workshops, Gruppenbetreuungen und Seminaren. Außerdem werden im Bedarfsfall Beratungs- und Unterstützungsangebote durch externe Personen bzw. Institutionen durchgeführt oder über einen entsprechenden Zeitraum hinweg in die tägliche Arbeit des Pen Green Centres integriert. Alle Leistungen werden somit unter einem Dachangeboten, was die Analyse, Bewertung, Passgenauigkeit und Inanspruchnahme der Leistungen erheblich vereinfacht.

8 Zusammenfassung und Ausblick

Trotz der vielfältigen Versuche, im Bereich der Kinderbetreuung partnerschaftlich zu arbeiten und vorhandene Angebote zu integrieren, bestehen in England weiterhin viele separat agierende Institutionen. Dies lässt sich vor allem darauf zurückführen, dass es bislang an einer übergreifenden Koordination der politischen Strategie mangelt, um die einzelnen Akteure zu integrieren. So ist es häufig der Fall, dass die öffentlichen Anstellungsträger auf kommunaler Ebene straffe Arbeitszeitmodelle vorgeben, die im Kontrast zum Verständnis qualitativer Kinderbetreuung und der Idee der *Children's Centres* stehen. Außerdem wird von einer Vielzahl einzelner Akteure und Organisationen die Zielvorstellung hinsichtlich der Bildung von Kooperationsbündnissen nicht ausreichend beachtet. Obwohl mittlerweile jedem drei- bis vierjährigen Kind ein Betreuungsplatz in einer formellen Einrichtung mit einem wöchentlichen Umfang von 15 Stunden zugesichert wird, bleibt die Koordination mit weiteren Anbietern defizitär. Es gilt daher ebenso, das Bewusstsein für die Verfolgung einer gemeinsamen Philosophie bei allen Beteiligten zu stärken.

Beim Versuch, umfassende Betreuungslösungen zu organisieren, die dem individuellen Bedarf entsprechen, sehen sich Eltern oftmals mit einem Labyrinth von verschiedenen Anbietern, Trägern und Institutionen konfrontiert. Die Verknüpfung solcher fragmentierten Einzelangebote wird schließlich durch die Strategie der *Children's Centres* weitgehend verfolgt.

Darüber hinaus ist die unzureichende Finanzausstattung des Kinderbetreuungssektors für dessen mangelnde Anziehungskraft auf hochqualifizierte pädagogische Fachkräfte verantwortlich. Das durchschnittliche Qualifikationsniveau der Mitarbeiter in der institutionellen Kinderbetreuung Englands ist nach wie vor unzureichend. Eng daran geknüpft sind die relativ geringen Verdienstmöglichkeiten, eine niedrige Motivation und eine hohe Personalfluktuation. Diese Faktoren wirken sich in erster Linie negativ auf die Qualität der Angebote und die Bindungsbedürfnisse der Kinder aus. Aus diesem Grund wird momentan die Reformierung des Ausbildungsmodells für das pädagogische Personal diskutiert. Damit wird insbesondere die Absicht verfolgt, die Anzahl der Mitarbeiter mit Ausbildungsabschlüssen zu erhöhen und die Einrichtungsleitung mit spezialisierten Fachkräften zu besetzen. In den vergangenen Jahren stellte die Regierung den lokalen Verwaltungen bereits zusätzliche Mittel zur Personalentwicklung sowie zur Aufstockung der Gehälter zur Verfügung (129,9 Millionen GBP in den Jahren 2004-06) (OECD 2006).

Eine weitere Herausforderung verweist auf das Spannungsverhältnis zwischen der Finanzierbarkeit integrierter Betreuungsangebote und deren Niederschwelligkeit für alle Kinder und Familien. Demnach stellt die Erschwinglichkeit formeller Betreuungsoptionen noch häufig eine Barriere für Haushalte (insbesondere für Alleinerziehende) mit niedrigem Einkommen dar. Häufig werden daher sozial benachteiligte Familien in wohlhabenden Regionen von den vorhandenen Angeboten ausgeschlossen.

Die Ansprüche auf staatliche Subventionen, welche durch den „Child Care Tax Credit" ermöglicht werden, stellt dennoch einen ersten Lösungsansatz zur gleichberechtigten Nutzung qualitativer Kinderbetreuung dar.

Eine wesentliche Stärke des englischen Betreuungssystems bildet dabei sicherlich das Konzept des *„one stop shop"* welches von den *Children's Centres* verfolgt wird. Dies konnte am Praxisbeispiel des „Pen Green Centres" in Corby illustriert werden. Die große Bandbreite der dort bereitgestellten Angebote ermöglicht gerade sozial isolierten Familien eine verbesserte Erreichbarkeit, so dass gezielte Unterstützungsleistungen in Anspruch genommen werden können. In diesem Zusammenhang setzt man verstärkt auf eine Philosophie der aktiven Selbsthilfe, die von den Familien selbst ausgeht, um dem Entstehen von einseitigen Abhängigkeitsverhältnissen entgegen zu wirken. Dies schlägt sich schließlich positiv auf das Selbstwertgefühl von sozial benachteiligten Familien nieder und schafft Auswege aus der Armut. Die Kinder profitieren dabei von der guten Qualität der Angebote und damit auch von den besseren Kompetenzen des Personals.

9 Literatur

Anning, A.; Cottrell, D.M.; Frost, N.; Green, J.; Robinson, M. (2006): Developing Multiprofessional Teamwork for Integrated Children's Services. Open University Press: Buckingham

Bertram, T.; Pascal, C. (2003): Projektgruppe INT2 – Ländernotiz Großbritannien. In: British Council Germany (2004): Early Excellence – Eine internationale Studie zur Integration frühkindlicher Bildung, Erziehung und Elternarbeit mit Vorschlägen für internationale Standards. Berlin. 90-103

Bertram, T.; Pascal, C.; Bokhari, S.; Gasper, M.; Holtermann, S. (2002): Early Excellence Centre Pilot Programme – Second Evaluation Report 2000-2001. DfES (Hrsg.). London

Bertram, T; Pascal, C.; Bokhari, S.; Gasper, M.; Holtermann, S.; John, K.; Nelson, C. (2003): Early Excellence Centre Pilot Programme – Third Annual Evaluation Report 2001-2002. DfES (Hrsg.). London

British Council Germany (2004): Early Excellence – Eine internationale Studie zur Integration frühkindlicher Bildung, Erziehung und Elternarbeit mit Vorschlägen für internationale Standards (erstellt von der Projektgruppe INT2). Berlin

Cabinet Office (2002): Inter-departmental Childcare Review: Delivering for Children and Families. London

DfES (2001): Research Report 259 Research to Inform the Evaluation of The Early Excellence Centers Pilot Programme. Nottingham

DfES (2001): Research Report 361 Early Excellence Centre Pilot Programme: Second Annual Evaluation Report 2000-2001. London

DfES (2003): National Standards for Under 8s Day Care and Child Minding (Sure Start). London

DfES (2007): National Statistics. Provision for Children under Five Years of Age in England. January 2007. London http://www.dfes.gov.uk/rsgateway/DB/SFR/s000729/SFR19-2007.pdf

DfES (Department for Education and Skills) (1999): Early Excellence Centres. First Findings, Autumn 1999. London

Hebenstreit-Müller, S. (2003): Ein Blick zu unseren Nachbarn am Beispiel des Pen Green Centre – Aufbau eines ersten Eary Excellence Centres in Berlin. In: Verein für Kommunalwissenschaften e.V. (Hrsg.) (2003): Nicht nur gut aufgehoben. Kindertagesbetreuung als zukunftsorientierte Dienstleistung. Berlin

Hebenstreit-Müller, S.; Rabe-Kleberg, U. (2003): Projektgruppe INT 2 –
Ländernotiz Deutschland. In: British Council Germany (2004). 70-79

London Institute of Education (2003): Effective Provision of Pre-school Education project 1979 – 2003. University of London

Melhuish, E.C. (2006): Policy & Research on Preschool Care and Education in the UK. In: Melhuish, E.; Petrogiannis, K. (Hrsg.): Early Childhood Care and Education: International Perspectives on Policy and Research. London: Routledge

Melhuish, E.C.; Belsky, J.; Anning, A.; Ball, M.; Barnes, J.; Romaniuk, H.; Leyland, A.; NESS Research Team (i.E.): Variation in Sure Start Local Programme Implementation and its Consequences for Children and Families. In: *Journal of Child Psychology and Psychiatry*

Melhuish, E.C.; Petrogiannis, K. (2006): Introducing international perspectives on early childhood care and education. In: Melhuish, E.; Petrogiannis, K. (Hrsg.): Early Childhood Care and Education: International Perspectives on Policy and Research. London: Routledge

Melhuish, E.C.; Sylva, K.; Sammons, P.; Siraj-Blatchford, I.; Taggart, B.; Phan, M. (2006): Effects of the Home Learning Environment and Preschool Centre Experience upon Literacy and Numeracy Development in Early Primary School. In: *Journal of Social Issues*

OECD (2006): Starting Strong II: Early Education and Care. S. 315-425

Pascal, C.; Bertram, A. (1997): Effective Early Learning. London: Hodder & Stoughton.

Sylva, K. (1994): The impact of early learning on children's later development. Appendix CC. In: Ball, M. (Hrsg.): Start Right. London: Royal Society of Arts

Sylva, K.; Siraj-Blatchford, I.; Taggart, B.; Melhuish, E.C.; Sammons, P. (i.E.): Capturing quality in early childhood through environmental rating scales. In: Early Childhood Research Quarterly

Whalley, M. (2001): Involving Parents in their Children's Learning. London: Paul Chapman Publishing

Länderreport USA

1 Historischer Hintergrund und politische Trends

Kinderbetreuung existiert in ihrer institutionellen Form in den USA seit Ende der 40er-Jahre. Da im Zuge der Rüstungsherstellung im zweiten Weltkrieg die Frauenerwerbsquote drastisch anstieg, sah sich die US-Bundesregierung zu diesem Zeitpunkt insbesondere mit der Herausforderung konfrontiert, die Versorgung und Betreuung von etwa 400.000 Kindern jener erwerbstätigen Mütter sicherzustellen. So verabschiedete der US-Kongress ein Gesetz zum quantitativen Ausbau von Kindertageseinrichtungen. Allerdings wurde diese bundesstaatliche Unterstützung unmittelbar nach Kriegsende eingestellt. Die informelle Organisation von Kinderbetreuung spiegelt sich entsprechend im traditionellen amerikanischen Verständnis der Kinder- und Familienpolitik wider: Die individuelle Verantwortung für Kinderbetreuung steht im Vordergrund.

Erst in den 60er-Jahren bezog die Regierung eindeutig Stellung zu staatlich getragenen Betreuungsleistungen für Kinder und Familien. Das „Head Start"-Vorschulprogramm richtete sich an drei- bis vierjährige Kinder aus einkommensschwachen sozialen Milieus. Das Hauptziel dieser Initiative bestand in der frühzeitigen und ganzheitlichen Förderung, um Kindern einen reibungslosen Eintritt in die Schullaufbahn zu ermöglichen und somit Benachteiligungen in der anschließenden Bildungsbiographie vorzubeugen. Nach einer erfolgreichen Startphase etablierte sich Head Start rasch und wurde in den gesamten USA weiter ausgebaut. So nimmt das Programm auch heute noch eine Vorreiterrolle in der Benachteiligtenförderung ein. Im Jahr 2004 wurde Head Start US-weit mit 6,75 Mrd. $ US von der Regierung finanziert – nahezu 1 Mio. Kinder nahmen zu diesem Zeitpunkt an Head Start-Programmen teil.

In den 70er-Jahren kam es in den Vereinigten Staaten erneut zu einem starken Anstieg der Frauenerwerbsquote, wodurch ein Zuwachs an bundesweit initiierten Betreuungsprogrammen für Kinder einsetzte. Auch diesmal bestand die Hauptaufgabe dieser institutionellen Angebote darin, erwerbstätigen Frauen die Vereinbarkeit von Beruf und Familie zu ermöglichen. Neben den staatlich getragenen Einrichtungen sowie Head Start-Programmen wurde ein großer Teil der Betreuungsangebote nunmehr ebenso von kirchlichen bzw. religiösen Institutionen betrieben. Bis in die 90er-Jahre ist somit in allen 50 US-Bundesstaaten eine große Bandbreite von Betreuungsangeboten für Kinder entstanden, die insgesamt den Altersbereich von null bis zwölf Jahren abdecken. Diese Angebote zeichnen sich bis heute durch ihre heterogenen pädagogischen Konzepte, Qualitätsniveaus, Finanzierungs- und Verwaltungsstrukturen aus. Insgesamt lässt sich das überwiegend privatisierte Betreuungssystem der USA durch einen marktliberalistischen Charakter kennzeichnen.

Vor dem Hintergrund der pluralisierten privaten Trägerlandschaft hat sich in den letzten Jahren der Ruf nach einer Qualitätssicherung verstärkt. Diese Forderung ging hauptsächlich aus den Erkenntnissen aktueller neurowissenschaftlicher Studien hervor, welche die Bedeutung der Lernprozesse in der frühkindlichen Entwicklung für den Erfolg in der späteren Schullaufbahn belegen. Daran orientiert sich entsprechend eine allgemein anerkannte, normative Forderung nach der angemessenen Schulreife aller Kinder zum Zeitpunkt des Schuleintritts. Die entstandene Qualitätsdebatte bewirkte schließlich einen Umbruch in der US-amerikanischen Bildungspolitik, was sich letztlich in der Entwicklung einer Vielzahl von Instrumenten des Qualitätsmanagements niedergeschlagen hat.

2 Strukturdaten USA

Bruttoinlandsprodukt (BIP)	37.000 € p.c. (2006) *
Anteil der Haushalte unter der Armutsgrenze	12,3 % (36,5 Mio. Personen) (2006)**
Fertilitätsrate	2,09 (2007)
Anteil der Kinder zwischen 0–14 Jahren an der Gesamtbevölkerung	20,2 % (2007)***

Tabelle 1: Strukturdaten USA

*Quelle: Eurostat 2008; ** US Census Bureau (2007): Income, Poverty, and Health Insurance Coverage in the United States: 2006. S.11. (Download unter: www.census.gov). Die vom US Census Bureau definierte Armutsschwelle orientiert sich an der Familiengröße im Verhältnis zum Jahreseinkommen, z.B. wird ein Haushalt mit 4 Personen und einem Jahreseinkommen unter 20.000 US $ als in Armut lebend definiert (Federal Register 2006); *** CIA World Factbook 2007 (www.cia.gov).

3 Anbieter und Betreuungsformen

Die institutionellen Angebotsformen des US-amerikanischen Kinderbetreuungssektors (center-based early childhood care and education programs) umfassen Angebote für Kinder im Alter von 0-5 Jahren. Dazu zählen Ganztagsseinrichtungen für Kinder, Head Start-Programme, frühpädagogische Angebote für unter Dreijährige (nursery school) sowie vorschulische Betreuungsangebote für Vierjährige (prekindergarten). Die Angebote des Kindergartens für Fünfjährige fallen unter die Trägerschaft der lokalen Schulsysteme. In Form eines Schulkindergartens wird dieser in der Regel von Kindern ab einem Alter von fünf für die Dauer eines Jahres besucht, bevor diese im Alter von 6 Jahren mit der Grundschule (primary school) beginnen. Bis heute haben jedoch nur wenige Bundesstaaten eine Schulpflicht eingeführt, die im Alter von 5 Jahren beginnt, so dass die Altergrenzen staatenabhängig variieren und der Schulbesuch teilweise erst im Alter zwischen sechs und 8 Jahren ab der ersten Grundschulklasse obligatorisch ist.

Insgesamt lässt sich in den USA zwischen den folgenden zentralen Anbietern von Kinderbetreuung unterscheiden:

- Öffentliches Schulsystem:

Die von einigen bundesstaatlichen Schulsystemen bereitgestellten Vorschulprogramme (prekindergarten) übernehmen die Betreuung von vierjährigen Kindern, bevor diese im Alter von 5 Jahren mit dem ebenfalls einjährigen Schulkindergarten (kindergarten) beginnen. Die Angebote sind zumeist halbtags verfügbar und orientieren sich typischerweise an den Öffnungszeiten der Schulen. Die Verfügbarkeit und Erreichbarkeit dieser vom Schulsystem getragenen Betreuungseinrichtungen werden in den USA durch die allgemein gut ausgebaute Infrastruktur gewährleistet. Insgesamt besuchen heute ca. 90 % aller Kinder im entsprechenden Alter den einjährigen Kindergarten. Dies gilt allerdings nur für die Altersgruppe der Fünfjährigen. Der Anteil öffentlich getragener Angebote zur vorschulischen Betreuung fällt wesentlich geringer aus und ist nicht gleichmäßig auf alle Bundesstaaten verteilt: 22 Staaten leisten die Betreuung von weniger als 10 % aller Kinder unter 5 Jahren. In zehn Staaten werden solche Angebote gar nicht erst bereitgestellt (OECD 2006). Im Gegensatz dazu hat man in einigen Bundesstaaten wie z.B. Georgia oder Oklahoma universelle Prekindergarten-Programme für Kinder unter 5 Jahren aufgebaut, welche die Zugangsmöglichkeiten für Kinder in schulische Einrichtungen, Head Start-Programme oder andere Kitas erweitern.

• Private Träger:
Sonstige Kindertageseinrichtungen für die Betreuung von Kindern im Alter von 0-4 Jahren werden in den meisten Fällen von privaten Anbietern, Non-Profit Organisationen(z.B.YMCA[53]) oder Elterninitiativen betrieben. Diese Einrichtungen operieren zumeist ganztägig und ganzjährig, um den individuellen Betreuungsbedürfnissen der Familien gerecht zu werden. Mit dem Aufkommen einer verstärkten Nachfrage nach institutionellen Formen der Kinderbetreuung in den 80er-Jahren kam es schließlich dazu, dass viele Betreuungseinrichtungen wie auch heute noch von privaten Unternehmen nach dem Franchising-Prinzip betrieben werden. Einige dieser Franchise-Einrichtungen werden sogar an der New Yorker Börse gehandelt. Die Gesamtheit aller frühpädagogischen Betreuungsangebote wird in der Regel vom jeweiligen staatlichen Sozial- bzw. Familienministerium reguliert und kontrolliert. Informelle Betreuungsoptionen wie Tagespflege (Family Day Care) zählen ebenfalls zu diesen Anbietern.

• Head Start:
„Head Start" (dt.: „Vorsprung") ist ein Programm der US-Regierung und dient zur vorschulischen Betreuung von sozial benachteiligten Kindern und ihren Familien sowie zur Verbesserung ihrer Fähigkeiten und Chancen für die Schullaufbahn und das spätere Leben. Entwickelt wurde die Idee im Jahre 1964 durch ein achtwöchiges Sommerprogramm zur Förderung von Vorschulkindern aus sozial benachteiligten Milieus. Das Head Start-Programm erlangte breite Anerkennung, etablierte sich und wurde rasch weiter ausgebaut. Seit 1973 koordiniert und vertritt die in Alexandria, Virginia gegründete, private Non-Profit Organisation „National Head Start Association (NHSA)" das nationale Netzwerk aller angeschlossenen Programme. Die „Head Start Program Performance Standards" werden als Qualitätsstandards heute in rund 2.600 Programmen in allen US-Staaten praktiziert und umgesetzt. Bundesweit befinden sich in den USA ca. 1.000.000 Kinder mit ihren Familien und 200.000 Mitarbeiter/innen in über 19.000 teilnehmenden Einrichtungen unter dem Schirm der NHSA. Head Start stellt somit die allgemeine Plattform für zahlreiche weitere Fördermaßnahmen und Projekte zur Verfügung. Mehr als 20 Millionen Kinder und ihre Eltern haben bislang von Head Start profitiert. Head Start ist das am meisten verbreitete vorschulische Förderprogramm in den USA und der amerikanische Vorreiter auf dem Gebiet der Benachteiligtenförderung.

Wird der Blick nun auf die Nachfragesituation im US-amerikanischen Betreuungssystem gerichtet, so erhält man das folgende Bild: Als typisches Merkmal der amerikanischen Sozialstruktur entfaltet die relativ hohe Frauenerwerbs-

[53] „Young Men's Christian Association", deutsch „Christlicher Verein junger Menschen (CVJM)"

quote zunächst ein wesentliches Nachfragepotenzial nach institutionellen Betreuungsangeboten für Kinder. Im Jahr 2004 waren 69,8 % aller Frauen in den USA erwerbstätig. Unter ihnen belief sich der Anteil aller Mütter mit einem Kind unter drei Jahren auf 56,6 % und derer mit einem Kind zwischen 3 und 6 Jahren auf 60 % Auf der anderen Seite gingen nur 10,5 % aller Eltern mit Kindern unter sechs Jahren keiner Erwerbstätigkeit nach (OECD 2006).

Hinsichtlich der Tatsache, dass der Betreuungsbedarf von fünfjährigen Kindern mit 90 % nahezu komplett von den Schulkindergärten gedeckt wird, bleibt schließlich die Inanspruchnahme der Betreuungsoptionen für die jüngeren Altersgruppen zu zeigen. Hierbei stieg der Anteil jener drei- bis fünfjährigen Kinder, welcher in formalen Betreuungseinrichtungen (center-based child care) untergebracht ist, insgesamt von 53 % im Jahr 1991 auf 60 % im Jahr 1999, bevor er im Jahr 2005 wieder auf 57 % absank.[54] Die folgenden Trends werden dabei für die einzelnen Altersgruppen sichtbar (vgl. OECD 2006):

- 0 bis 2 Jahre: Ab einem Alter von neun Monaten werden für ca. 50 % der Kinder regelmäßige Betreuungsoptionen genutzt. Dazu zählen formale Betreuungseinrichtungen ebenso wie Tagesmütter und die Betreuung durch Familienangehörige.
- 2 bis 3 Jahre: Charakteristisch ist der Übergang zu formalen Betreuungsoptionen außerhalb der Familie – deren Anteil liegt nur noch bei 39 %. So besuchen 48 % aller dreijährigen Kinder private Kindertageseinrichtungen (meist halbtags). Lediglich in den Staaten Kentucky, Massachusetts, und New Jersey liegt der Anteil von Dreijährigen in öffentlichen Einrichtungen über 10 %.
- bis 6 Jahre: Insgesamt sind etwa 56 % aller Kinder dieser Altersgruppe in staatlichen Vorschulprogrammen angemeldet. Im Gegensatz zur hohen Versorgungsquote des schulischen Kindergartens, besuchen lediglich 16,1 % der Kinder im Alter von vier Jahren und nur 3 % im Alter von drei Jahren eine staatliche Vorschulbetreuung (pre-kindergarten programs).

Die oben genannten Zahlen der Altersgruppe von 0 bis 4 Jahren verweisen insbesondere auf die relativ geringe Verfügbarkeit von institutionellen Betreuungsformen für eben jenen Altersbereich vor dem Kindergarten (Prekindergarten). Hierbei nehmen besonders informelle Betreuungsoptionen eine wichtige Rolle in der frühkindlichen Betreuung ein, wenn es darum geht, Berufstätigkeit und Familienleben zu vereinen. Bei einer weiteren Betrachtung des Verhältnisses zwischen institutionellen und informellen Angeboten zur Kinderbetreuung fällt je-

[54] http://www.nces.ed.gov/fastfacts/display.asp?id=78

doch eine eindeutige Korrelation zwischen Betreuungstyp und dem Bildungsstand der Eltern auf: Formale prekindergarten-Einrichtungen werden insbesondere von Müttern mit akademischer Ausbildung (Hochschulabschluss) gewählt, während Mütter ohne High School-Abschluss[55] ihre Kinder vornehmlich zu Hause betreuen. Laut aktuellem Datenmaterial des US-Bildungsministeriums (US Department of Education)[56] besuchen 25 % aller Kinder vor dem Eintritt in den schulischen Kindergarten bereits eine vorschulische Betreuungseinrichtung, und 11 % werden zuvor von Tagesmüttern betreut. Für den übrigen Anteil ist also davon auszugehen, dass die Kinderbetreuung von Familienmitgliedern bzw. -angehörigen übernommen wird.

4 Finanzierung

Das US-Gesundheits- und Soziaministerium (US Department of Health and Human Services) reguliert die Finanzierung von sozialen Diensten und Betreuungsangeboten (wie z.B. das Head Start-Programm). Im Jahr 2000 existierten 69 verschiedene US-weite Programme und Initiativen zur vorschulischen Betreuung, welche sich an Kinder unter fünf Jahren richteten. Die politische Umsetzung und Bereitstellung von Angeboten zur Kinderbetreuung liegt in den Händen eines jeden Bundesstaates. Dieser föderalen Struktur nach fällt öffentliche Bildung und Erziehung somit in den Verantwortungsbereich auf bundesstaatlicher Ebene. In den letzten Jahren haben die Bundesstaaten dabei verstärkt ihre Leitfunktion für die Entwicklung und Umsetzung von frühkindlichen und vorschulischen Betreuungsleistungen übernommen. Diese kostenlosen Betreuungsprogramme entstehen typischerweise aus der Initiative lokaler Bildungsbehörden und werden direkt im Schulgebäude oder in anderen Kindertageseinrichtungen angeboten, die unter Vertrag mit der Schulbehörde kooperieren. Solche Angebote richten sich zumeist an unter Fünfjährige und werden aus öffentlichen Mitteln finanziert. Insgesamt divergieren die jeweilige politische Strategie und die Finanzierungsmodelle in den einzelnen Bundesstaaten stark.

Die von den öffentlichen Schulsystemen getragenen Angebote wie der einjährige Kindergarten sowie alle weiteren schulischen Betreuungsangebote (z.B. am Nachmittag) werden aus öffentlichen Mitteln finanziert. Als Teil des gesetz-

[55] Die US-amerikanische High School ist eine universelle Schule auf Sekundarstufen-Niveau. Sie ist vergleichbar mit der deutschen Gesamtschule, wobei der Abschluss im Einzelfall zwischen dem Niveau der Hauptschule, der mittleren Reife oder dem Abitur – je nach Kursbelegung – variieren kann.

[56] US Department of Education (2005): National Center for Education Statistics, Early Childhood Program Participation Survey of the National Household Education Surveys Program. (online: http://www.nces.ed.gov)

lichen Bildungsauftrages bleiben sie demnach für die Familien kostenlos. Die öffentlichen Ausgaben für Betreuungsangebote außerhalb des Schulsystems (für Kinder von 0-5 Jahren) haben sich zwar in den letzten Jahren verdreifacht, allerdings machen diese immer noch einen verschwindend geringen Anteil von 0,2 % (20.4 Mrd. $ US) des BIP aus. Ferner stammen etwa 34 % aller Ausgaben für vorschulische Betreuungsangebote für drei- bis sechsjährige Kinder aus öffentlichen Quellen, der überwiegende Anteil von 66 % ist hingegen privat finanziert (OECD: 2006).

In den meisten US-Bundesstaaten können sozial schwache Haushalte einkommensabhängige, öffentliche Subventionen in Anspruch nehmen, die bspw. aus dem „Child Care and Development Fund (CCDF)" stammen. Allerdings tendieren viele Familien mit niedrigem Einkommen dazu, unregulierte und informelle Betreuungsangebote in Anspruch zu nehmen. Dies verweist auf die oben angesprochene, direkte Koppelung zwischen Betreuungstyp und sozialer Herkunft. Ein Rechtsanspruch auf einen Betreuungsplatz existiert in den USA lediglich für Kinder mit Behinderungen oder für Kinder aus einkommensschwachen Haushalten. Hierbei verfügt wiederum jeder Bundesstaat über entsprechende Satzungen, welche einen solchen Rechtsanspruch unter Wahrung des „Federal Individual Disabilities Education Act (IDEA)" genauer definieren.

Im Hinblick auf alle kostenpflichtigen Betreuungsangebote, welche nicht vom Schulsystem abgedeckt werden, folgt das System der US-amerikanischen Kinderbetreuung der Logik freier Marktmechanismen (purchase of services system). Die Anzahl der privaten Anbieter überwiegt. Die Beiträge, die die Eltern für die Betreuung durch diese Anbieter zahlen müssen, richten sich dabei zunächst nach der Dauer der in Anspruch genommenen Betreuung. Des Weiteren wird die Höhe der Beiträge von vielen Faktoren bestimmt, wie etwa vom Standort, der Qualität und der jeweiligen Konkurrenzsituation unter den einzelnen vorhandenen Anbietern.

Als Programm der Bundesregierung wird Head Start mit staatlichen Mitteln aus dem „National Fund" gefördert und finanziert. Die Investitionen der Regierung für Head Start beliefen sich auf 6,8 Milliarden US $ im Jahre 2004. Durch eine erste, bundesweite Ausschreibung in den frühen 60er-Jahren bestand für Betreuungseinrichtungen erstmals die Möglichkeit, Head Start-Mittel zu beziehen. Im Gegenzug verpflichten sich die teilnehmenden Institutionen, die „Head Start Performance Standards" in ihrer Einrichtung anzuwenden. Allerdings befürchtet die NHSA gegenwärtig drastische Kürzungen der Head Start-Gelder und Einsparungen der Regierung. Aufgrund dieser Tatsache geht es hierbei für alle Head Start-Programme umso mehr darum, ihre Qualität und Wirksamkeit ausdrücklich unter Beweis zu stellen und Schwächen des Konzepts auszubessern. So möchte man den Fokus noch mehr auf die bundesweite Koordination, die Personalqualifikation und die Förderung der kognitiven Fähigkeiten der Kinder legen.

5 Personalqualifikationen

In den USA existiert kein einheitliches nationales System zur Regelung der Qualifizierungsanforderungen für pädagogisches Personal. Infolgedessen liegt es in der Verantwortung jedes einzelnen Bundesstaates, entsprechende rechtliche Rahmenbedingungen und Standards vorzugeben und deren Befolgung zu kontrollieren.

Allerdings lässt sich für die gesamten USA folgende Unterscheidung treffen: Die pädagogischen Fachkräfte im schulischen Kindergarten bzw. im Prekindergarten benötigen in der Regel eine staatlich anerkannte Hochschulausbildung im Bereich der Frühpädagogik, während das Betreuungspersonal aller anderen Einrichtungen bislang keine Fachausbildung nachweisen musste. Für das Betreuungspersonal in Einrichtungen des Schulsystems wird in 27 Bundesstaaten ein jährliches Pensum von mindestens 15 Stunden an Fortbildungsmaßnahmen pro Person gefordert. Dabei veranschlagt bspw. der Staat Alabama mit 40 Stunden pro Jahr den bundesweiten Höchstsatz für Fort- und Weiterbildungen.

Für informelle Anbieter wie Tageseltern gelten hingegen allenfalls minimale Anforderungen, wie bspw. Schulungen und Kompaktseminare zu Sicherheitsmaßnahmen oder etwa ein Erste-Hilfe-Kurs. Zwar gestalten sich die Qualifizierungsanforderungen an das Betreuungspersonal in Kindertageseinrichtungen von Bundesstaat zu Bundesstaat recht unterschiedlich, doch stellt das insgesamt relativ geringe Anforderungsniveau – speziell im außerschulischen Sektor – einen weiteren Diskussionspunkt in der Qualitätsdebatte dar. Daher wurden in einigen Bundesstaaten Steuerungsmodelle eingeführt und erprobt, die durch monetäre Anreize verstärkt höher qualifizierte Fachkräfte ansprechen sollen, die sich schließlich durch anerkannte Lizenzen oder Abschlüsse ausweisen können.

Die Anforderungen an das Personal privater Einrichtungen sind nicht nur tendenziell geringer, hinzu kommt auch eine allgemeine Intransparenz sowie eine erhebliche regionale Divergenz. In Illinois ist das Führungspersonal außerschulischer Einrichtungen bspw. dazu verpflichtet, ein „Child Development Associate (CDA)“ Zertifikat zu besitzen und zuvor entsprechende Fachseminare im Umfang von 15 Stunden besucht zu haben. Dem Betreuungspersonal im Staat Louisiana dient hingegen ein High School-Abschluss und eine dreistündige Fortbildungsmaßnahme als minimale Qualifikation.[57] Diese Beispiele zu den unter-

[57] National Child Care Information Center (2005). Center Child Care Licensing Requirements. November 2005. http://nccic.org

schiedlichen Auflagen bezüglich der Fort- und Weiterbildungsmaßnahmen können nochmals die Heterogenität der pädagogischen Qualität über die einzelnen Bundesstaaten hinweg verdeutlichen.

6 Integrierte und Flexible Angebote

6.1 Politische Strategie

Der Ausbau integrierter Angebote zur frühzeitigen Förderung und Betreuung von Kindern kann als strategisches Oberziel der US-amerikanischen Bildungs- und Betreuungspolitik angesehen werden. Jedoch bleibt zu beachten, dass eher die einzelnen Bundesstaaten die Initiative zur Verfolgung dieses Ziels ergreifen, als die Bundesregierung.

Für die Bereitstellung solcher universell verfügbaren Angebote, welche insbesondere über den durch den Schulsektor abgedeckten Altersbereich hinausgehen, bedarf es jedoch nicht der Schaffung völlig neuer Strukturen. Vielmehr geht es darum, in gezielter Weise stabile Kooperationen unter den bereits vorhandenen Leistungsanbietern im Betreuungssystem aufzubauen und somit die vorliegenden Strukturen miteinander zu verbinden. Dieser Auffassung nach resultieren die Vorteile von integrierten Betreuungsangeboten aus der Schaffung einer vereinten, professionellen Lerngemeinschaft (learning community). Darunter wird die enge Zusammenarbeit zwischen pädagogischem Personal mit sozialen und medizinischen Fachkräften zum Wohle des Kindes verstanden. Ferner verlangt ein solcher Ansatz gute Führungs- und Managementkompetenzen, um effizient und kosteneffektiv umgesetzt zu werden.

Der politische Wille für den strategischen Ausbau des Kinderbetreuungssystems hat im Jahre 2001 durch die bundesweite Verabschiedung des „No Child Left Behind Acts (NCLB)"[58] des Bundesministeriums für Bildung einen Schub erhalten. Als Neuauflage des vorher geltenden „Early and Secondary Education Act" sah der NCLB zwar keine direkten Maßnahmen hinsichtlich des Bereiches der vorschulischen Kinderbetreuung bzw. Frühpädagogik vor, jedoch enthielt dieser strikte Richtlinien zum Aufbau eines Regulations- und Kontrollsystems (accountability system) zur Rechenschaftspflicht der Schulen. Das politische Ziel bestand demnach in der Schließung des Leistungsgefälles (achievement gap) zwischen einzelnen lokalen Schulbezirken – ein Phänomen, welches auf die seit langem bestehende Kluft hinsichtlich der schulischen Leistung zwischen Kindern aus Familien mit niedrigem Einkommen und solchen aus Normalverdiener-

[58] Nähere Informationen zum Rechtsakt auf den Seiten des Bundesministeriums für Bildung (US Department of Education): www.ed.gov/nclb

Haushalten bzw. von Muttersprachlern und Kindern mit Migrationserfahrungen deutet. Mit Inkrafttreten des NCLB ist demnach jeder US-Bundesstaat dazu verpflichtet, eine jährliche Fortschrittsrate hinsichtlich des Leistungserfolges jener sozial benachteiligten Kinder festzulegen. Werden diese Zielformulierungen von einzelnen Schulen nicht erreicht, so werden sie auf einer Kontrollliste geführt. Aufgrund dieser Entwicklungen herrscht auf der Ebene des vorschulischen Betreuungssektors ein Klima der Rechenschaftspflicht und Leistungskontrolle. Schließlich wächst damit auch die Zahl der Bundesstaaten, die vorschulische Betreuungsprogramme initiieren bzw. bereits bestehende Angebote weiter ausbauen, um letztlich die Schulreife der Kinder zu fördern. Die Handlungsgrundlage bilden dabei neurowissenschaftliche Erkenntnisse, welche die zentrale Rolle einer frühzeitigen Förderung von Kindern aus sozial schwachen Verhältnissen oder mit Lernschwächen betonen.

6.2 Qualität

Ausgehend von diesem politischen Klima, ist in den letzten Jahren eine Qualitätsdebatte in den USA entstanden, welche sich im Wesentlichen um die Forderung nach verbindlichen Qualitätsstandards im Kinderbetreuungsbereich dreht. Als eine weitere entscheidende Ursache können zudem die stark divergierenden Bedingungen zur Akkreditierung und Lizenzierung von Betreuungsanbietern in den einzelnen Bundesstaaten betrachtet werden. Demzufolge haben sich der Druck nach einer strafferen Gliederung der pädagogischen Inhalte und der Ruf nach Qualitätsindikatoren zu Anfang dieses Jahrzehnts verstärkt. Für diese Entwicklungen waren ebenfalls die Erwartungen der Eltern verantwortlich, welche sich als Kunden im frühpädagogischen Bereich verstehen.

Hinsichtlich der Umsetzung dieser Anforderungen wurde der Fokus der frühkindlichen Förderung verstärkt auf den Bildungsauftrag der Betreuungseinrichtungen gelegt, um Kindern aus einkommensschwachen Haushalten, Kindern mit Lernschwächen, mit Behinderungen oder Migrationserfahrungen gleiche Chancen für die Schullaufbahn zu ermöglichen. Damit gehen schließlich Herausforderungen einer stärkeren Lehrplanbindung, einer verbesserten Personalqualifizierung sowie die Verantwortung und Rechenschaftspflicht gegenüber den Effekten pädagogischer Arbeit (results accountability) einher.

Des Weiteren wurden von Seiten der Wissenschaft in einer Reihe von Berichten bundesweiter Forschungsgremien[59] die Parameter der Vorschul- und Kindererziehung neu definiert. Die darin enthaltene Priorität der Implementierung von

[59] Committee on the Prevention of Reading Difficulties, 1998; National Research Council and Institute of Medicine, 2000; National Research Council, 2001.

Qualitätsstandards für frühpädagogische Programme und damit die Festlegung universaler, geregelter Lernziele für Kleinkinder haben zu einem Umbruch in der Frühpädagogik und in der gesamten Bildungspolitik der USA geführt. Zahlreiche Staaten haben in den letzten Jahren so genannte „Quality Rating Systems (QRS)" auch in der Kinderbetreuung entwickelt (NCCIC, 2006). QRS haben zum Zweck, ein universales System professioneller Standards der Vorschul- und Kinderbetreuung zu definieren. Diese Standards sollen dann verbindlich der Praxis zugeführt und verwirklicht werden, mit dem Endresultat, dass sich innerhalb einer angemessenen Zeitspanne die Betreuungs- und Lernbedingungen der Kleinkinder verbessern. Das „National Child Care Information Center (NCCIC)", ein Institut des Bundessozial- und Gesundheitsministeriums, definierte dazu fünf grundsätzliche inhaltliche Elemente, welche bislang von 10 US-Bundesstaaten im Rahmen eines QRS-Systems umgesetzt wurden:

- Standards
- Verantwortung für Ergebnisse (accountability);
- Systematischer Ausbau und Einbezug in die Praxis;
- Finanzierungsmodelle zur Förderung der Standards;
- Öffentlichkeitsarbeit mit den Eltern.

6.3 Organisation der Kooperation

Neben der Berücksichtigung von Qualitätsaspekten bedarf die Entwicklung integrierter Angebote einer erfolgreichen Kooperation der angeschlossenen Partner. Die Zusammenarbeit von Anbietern der Gesundheitsfürsorge und sozialer Dienstleistungen (z.B. Eltern- und Familienberatung), welche neben dem regulären Betreuungsangebot für alle Kinder und Familien zugänglich sind, basieren oftmals auf dem Prinzip der gegenseitigen Vermittlung. Dieses Organisationsprinzip findet sich verstärkt bei öffentlichen Trägern wie Schulen und Head Start-Programmen, wobei diese nicht rechtlich dazu verpflichtet sind, eine solche Kooperation mit anderen Dienstleistungsanbietern einzugehen. Meistens arbeiten die erfolgreichsten Anbieter dabei eng mit den jeweiligen Kommunen zusammen und werden durch öffentliche Subventionen unterstützt, damit sie im Gegenzug Maßnahmen zur Qualitätsentwicklung einleiten.

Entsprechende staatlich finanzierte Beratungs- und Vermittlungsstellen (child care resource and referal agencies) unterstützen die Familien schließlich bei der Suche nach geeigneten, am individuellen Bedarf orientierten Betreuungsoptionen. Sie dienen daher als zentrale Koordinationsstellen zwischen einzelnen Trägern und Dienstleistungsanbietern.

Dabei stellt die individuelle Situation der Familie zunächst den Ausgangspunkt für die genauere Unterbringung und Anmeldung des Kindes in einer Betreuungsoption dar. So sind berufstätige Eltern, welche eine ganzjährige und ganztägige Betreuung für ihr Kind benötigen, darauf angewiesen, Betreuungslösungen mit mehreren Anbietern zu arrangieren. Dies ist dann der Fall, wenn keine entsprechenden Betreuungseinrichtungen in Wohnortnähe verfügbar sind. Die öffentlich bereitgestellten Angebote des Schulsystems sind meist nur halbtägig – im Rahmen des Schulbetriebs – verfügbar. Durch ein individuelles Arrangement könnten die Kinder jedoch vormittags bei einem Head Start-Programm untergebracht werden und nachmittags mit dem Bus zu einer Tagesmutter gebracht werden. Je nach Einkommenssituation könnten die Eltern eine staatliche Subvention für das Head Start-Programm in Anspruch nehmen.

Da der US-amerikanische Kindergarten bereits Teil des Schulsystems ist, gestaltet sich der Übergang in die Grundschule (primary school) fließend. Die pädagogischen Fachkräfte können in dieser Phase auf Dokumentationsunterlagen und Akten jedes Kindes zurückgreifen. Für den Übergang von Kindern aus nichtöffentlichen Betreuungseinrichtungen in den Schulkindergarten bzw. in die erste Grundschulklasse gestaltet sich die Transitionsphase bestenfalls durch einen Besuch des Kindes im schulischen Kindergarten unmittelbar vor der Einschulung. Weiterhin zählen die rechtzeitige Korrespondenz zwischen dem privaten Träger und der Schule zur geregelten Anmeldung des Kindes sowie die Vergabe von Informationsmaterialien und entsprechende Gespräche mit den Eltern zu einem koordinierten Übergang.

7 Praxisbeispiel

Nachdem im Vorfeld das zugrunde liegende US-amerikanische Verständnis gegenüber integrierten und flexiblen Betreuungsangeboten für Kinder illustriert wurde, soll im Anschluss das Modell der „Judy P. Hoyer Early Child Care and Family Education Center“ aus dem US-Bundesstaat Maryland als Praxisbeispiel näher vorgestellt werden. Das Erfolgsmodell der Judy Centers verweist exemplarisch auf die Möglichkeiten zur Implementierung qualitativ hochwertiger, integrierter und flexibler Betreuungsangebote.

Die Entstehung der „Judy Center“ geht auf das Vorhaben von Judith, „Judy“ P. Hoyer, der leitenden Koordinatorin für Frühpädagogik im Bezirk Prince George des US-Bundesstaates Maryland zurück. Die im Jahre 1997 verstorbene Namenspatin der Zentren engagierte sich für die Verbesserung der Lebensbedingungen von Kleinkindern und ihren Familien, um ihnen gleiche Chancen für eine bessere Zukunft zu ermöglichen. Ihr Lebensziel war es deshalb, Kindern und

Familien in gemeinschaftlich getragenen Zentren ganzheitliche Angebote zur Bildung, Erziehung und Betreuung zur Verfügung zu stellen. Das erste Judy Center wurde schließlich im Jahre 2001 eröffnet. Mittlerweile operieren in insgesamt 23 Bezirken (counties) Marylands 24 solcher Einrichtungen, in denen fast 10.000 Kinder betreut werden.

Um einen gesetzlich-administrativen Rahmen für die Zentren zu schaffen, wurde im Jahr 2000 vom Bildungsministerium Marylands („Maryland State Department of Education, MSDE“) das „Judith P. Hoyer Early Child Care and Education Enhancement Program (Judy Hoyer Program)“ initiiert. Dies geschah zum einen mit der Absicht, eine Förderung für Judy Center zu ermöglichen und den Ausbau frühkindlicher Betreuungsangebote öffentlicher oder privater Träger zu unterstützen. Die Mittel können aus einem speziell eingerichteten Fonds des Staates Marylands, dem „Judy P. Hoyer Enhancement Grant“ beantragt werden. Im ersten Implementierungsjahr 2001 wurde das „Judy Hoyer Program“ nach einer Ausschreibungsphase des MSDE insgesamt mit 4 Mio. US $ in 13 Einrichtungen, die sich in 13 verschiedenen Bezirken Marylands befanden, umgesetzt. Ein Jahr darauf wurden 11 weitere ausgewählte Einrichtungen mit Fördergeldern aus dem „Judy Hoyer Program“ bezuschusst. Schließlich wurden im Jahr 2004 die insgesamt 24 Judy Center mit einer Summe zwischen 202.000 US $ und 323.000 US $ finanziert. Die Summe aller Fördermittel aus dem „Judy P. Hoyer Enhancement Grant“ belief sich bis zu diesem Zeitpunkt auf insgesamt 7,3 Mio. US $ (vgl. MSDE 2002a).

7.1 Aufbau des Konzepts und Organisationsstruktur

„All children will enter school ready to learn“ – Die formulierte Zielvorstellung des MSDE verlangt, dass jedes Kind in Maryland mit allen erforderlichen Kompetenzen die Schullaufbahn beginnt, welche die Basis für den späteren Bildungserfolg bilden und somit die persönlichen Lebenschancen steigern. Diesbezüglich definiert das MSDE Schulreife als jene Entwicklungsstufe, die ein Kind dazu befähigt, durch entsprechende soziale, kognitive, emotionale und soziale Kompetenzen erste Lernerfahrungen zu machen und von diesen zu profitieren (MSDE 2002b).

Die Judy Center sind Lernzentren für Familien und speziell für frühkindliches Lernen. Sie bieten Ganztagsbetreuungsangebote für Kinder – von ihrer Geburt an, bis zum Alter von fünf Jahren, das ganze Jahr über. Dieser Auftrag erfordert die Entwicklung von gemeinschaftlichen und ganzheitlichen Ansätzen und Programmen, die sowohl die soziale als auch die emotionale Entwicklung des Kindes unterstützend begleiten, um eine hohe pädagogische Qualität zu gewährleisten. In den Programmen werden die Bereiche Sprachförderung, Sprach- und Lesefähigkeit, kognitives und universales Wissen aber auch das physische Wohlbefinden und motorische Fähigkeiten abgedeckt. Schließlich sollen die Kinder mit individueller Unterstützung das „Lernen lernen" und ihre Familien werden in ihrer erzieherischen Fähigkeit gestärkt, die Lernprozesse ihrer Kinder aktiv zu unterstützen und zu begleiten (MSDE 2005).

Nur durch eine hohe Qualität der Angebote zur Bildung, Erziehung und Betreuung kann ein Judy Center die frühkindliche Entwicklung entsprechend fördern, um Kindern die notwendigen Kompetenzen und Fähigkeiten für eine erfolgreiche Schullaufbahn zu vermitteln. Zur Umsetzung der Leitidee werden vom Bildungsministerium (MSDE) die folgenden Elemente im organisatorischen Aufbau als wichtig angesehen:

Wichtige Kategorien (Areas of Critical Categories)	Sieben Elemente für hohe Qualität von Programmen im Elementarbereich (Seven Elements of High Quality Early Childhood Programs)
Programmverwaltung (Program Administration)	Wirtschaftliche Programmverwaltung
	Systematische Evaluation
	Kontinuierliche Personalentwicklung
	Kontiniutät des kindlichen Lernens, von der Geburt an bis zu den ersten Schuljahren
Programmdurchführung (Program Operation)	Curriculum, Unterricht und Lernbewertung orientieren sich an der Lernumwelt und sind der kindlichen Entwicklung angemessen
Kooperation mit Eltern und der sozialen Infrastruktur (Home and Community Partnerships)	Enge und kontinuierliche Kooperation mit dem Elternhaus
	Kooperation unter den lokalen Anbietern frühkindlicher Bildung, Erziehung und Betreuung

Tabelle 2: „Critical Elements of Quality in Early Care and Education Programs"

Quelle: MSDE 2004 (leicht modifiziert)

Die „Judy Center Partnerships" (bzw. „Home and Community Partnerships", s. Tabelle) bilden die Grundidee der Organisationsstruktur. So wird das Leistungsangebot durch Kooperationsverhältnisse von Fachkräften verschiedener Leistungsanbieter getragen und „aus einer Hand" für Kinder und Familien bereitgestellt. Durch den Aufbau solcher Netzwerke zielen Judy Center darauf, die fragmentierte Struktur des US-amerikanischen Systems der Betreuungs- und Hilfsangebote für Kinder und Familien zu integrieren.

Ein solcher Ansatz verlangt jedoch ein hohes Maß an Kooperationsbereitschaft aller Partner und ein genau definiertes Arbeitsverhältnis. Dazu bedarf es zunächst der gemeinsamen Verpflichtung zur Verfolgung einer Mission, im Sinne einer geteilten Leitvorstellung. Für die Judy Center besteht diese gemeinsame Mission in der Erreichung der Schulreife für alle Kinder unter Berücksichtigung der individuellen Bedürfnisse aller Familien. Im nächsten Schritt gilt es, eine übergreifende Strategie für die Erreichung der definierten Ziele zu entwickeln und dafür einzelne Ressourcen zu bündeln. Neben der Schaffung beständiger Kommunikationskanäle zwischen allen Partnern sowie der Entwicklung von geeigneten Verfahren für Entscheidungsprozesse bzw. zur Konflikt- und Problemlösung wird schließlich eine übergreifende Organisationsstruktur eingerichtet, die sich aus einem Lenkungsausschuss und einzelnen Komitees zusammensetzt.

7.2 Angebote und Qualitätsmanagement

Neben den Betreuungsprogrammen stehen gesundheitsorientierte (z.B. zahnärztliche, pädiatrische und HNO-Versorgung) und familienunterstützende Dienste (z.B. Familienberatung) im Mittelpunkt des Konzepts, die in das Angebot integriert werden sollen. Diese sind entweder direkt im Schulgebäude oder in dessen unmittelbarer Nähe zugänglich, um eine leichte Erreichbarkeit für die Nutzer zu ermöglichen. Das Leistungsangebot in einem Judy Center soll die Kinder und Familien gewissermaßen im Sinne einer maßgeschneiderten und ganzheitlichen „wrap around care" umschließen, um so auf ihre jeweilige Bedarfssituationen eingehen zu können. Die Grundlage bildet zum einen die enge Zusammenarbeit aller beteiligten Dienstleistungsanbieter, deren Institutionen, Agenturen und Organisationen durch spezialisierte Fachkräfte im Zentrum repräsentiert werden. Das Personal in den Judy Center ist ebenfalls entsprechend geschult, um die spezifischen Bedürfnisse der Kinder zu erkennen. Im nächsten Schritt werden daraufhin die geeigneten Wege identifiziert, die zu deren Befriedigung eingeschlagen werden können. Sollten die Bedürfnisse dabei über die vorhandenen Betreuungsprogramme hinausgehen, können Kinder und ihre Familien somit gezielt an die kooperierenden, spezialisierten Dienstleistungsanbieter weitervermittelt werden.

Bei der konkreten Angebotsgestaltung orientiert sich das Judy Center ferner an der Bedarfslage des lokalen Umfelds. Innerhalb des Grundangebots, das ein jedes Judy Center bereitstellen muss, wird zunächst zwischen Programmen (programs) und Dienstleistungen (services) unterschieden (vgl. MSDE 2005: 1; MSDE 2002a: 4):

- Obligatorische Programme

Betreuungsangebote zu Randzeiten (durch einen lizenzierten und akkreditierten Anbieter), vorschulische Angebote für Kinder mit und ohne Behinderung (prekindergarten, kindergarten, preschool special education) sowie eine U3-Betreuung („Maryland Infants and Toddlers program").

- Optionale Dienstleistungen

Im Anschluss an diese Grundversorgung müssen in jedem Judy Center mindestens fünf der folgenden weitergehenden Dienstleistungen und Kooperationen angeboten werden: Programme zur Erwachsenenbildung (im Sinne einer Elternschule) und zur Elternintegration (Parent Involvement and Adult Education Programs), ein Familienleseprogramm (Family Literacy Program), Programme diverser gemeinnütziger US-amerikanischer Initiativen und Organisationen, wie Head Start, „Family Support Centers"[60] oder „Healthy Families"[61] sowie lokale Angebote der Gesundheitsfürsorge. Darüber hinaus zählen Informations- und Beratungsstellen für die Kinderbetreuung, Programme mit Hausbesuchen und wissenschaftliche Kooperationen mit Hochschulen zu den zusätzlichen Dienstleistungen, die in das Angebot des Judy Centers aufgenommen werden können.

Die einzelnen Betreuungsprogramme im Judy Center sind nach nationalen bzw. bundesstaatlichen Standards akkreditiert. Dazu können verschiedene anerkannte „Quality Rating Systems (QRS)" unterschiedlicher Agenturen benutzt werden, die untereinander kompatibel sind (vgl. Kap. 6.2). Das Ziel dieser QRS ist es, einen einheitlichen Rahmen von Qualitätsstandards für den Elementarbereich zu definieren und die Qualität in frühpädagogischen Einrichtungen zu verbessern. Auch das Bildungsministerium Marylands hat neben mehreren US-Bundesstaaten ein solches Qualitätsstandardsystem entwickelt.[62] Die enthaltenen Standards beziehen sich insbesondere auf die Bereiche Programmverwaltung, Programmdurchführung und Kooperation mit dem Elternhaus und der sozialen Infrastruktur (s. Tabelle 1). Typischerweise ist dem QRS ein gestuftes Finanzierungssystem („tiered reimbursement system") untergeordnet. So erhalten Betreuungsprogramme, die erfolgreich akkreditiert worden sind und höhere Qualitätsstandards erzielen entsprechend höhere staatliche Subventionen.

---

[60] Family Support Center ist eine gemeinnützige Organisation, die Familienberatung in TfK anbietet und Kindesmissbrauch sowie häusliche Gewalt bekämpft. Informationen unter: www.familysupportcenter.org

[61] Healthy Families setzt sich in ganz Nordamerika für die Gesundheit von Kindern ein, berät werdende Eltern in erzieherischen Fragestellungen und geht ebenfalls gegen Kindesmisshandlung und -verwahrlosung vor. Informationen unter: www.healthyfamiliesamerica.org

[62] Vgl. MSDE 2004: „Standards for Implementing Quality Early Childhood Programs – Center-based Childcare/Head Start".

Alle Judy Center verpflichten sich zur Implementierung von Indikatoren der staatlichen Qualitätsstandards in das eigene Programm, was im Zuge der Akkreditierung gewährleistet wird. Zu Beginn dieses Prozesses nimmt die Einrichtung mithilfe der Materialien des Ministeriums (MSDE) in der Regel eine Selbstevaluation vor („self-appraisal"). Diese Reflexion über die vorhandenen Qualitätsindikatoren wird von einem Team aus Betreuungspersonal, Verwaltungsmitgliedern und Eltern gemeinsam durchgeführt. Nachdem Verbesserungsbedarfe festgestellt worden sind, werden Strategien zur Erreichung der Indikatoren entwickelt. Nach einer weiteren Selbsteinschätzung wird das Programm offiziell zur Akkreditierung durch einen externen Evaluator angemeldet. Dieser überprüft die Ergebnisse der Selbstevaluation vor Ort und vergibt entsprechend die Akkreditierung. Bislang haben 92 Prozent aller Judy Center-Programme eine Akkreditierung erhalten.

Indikatoren für hohe Qualität in akkreditierten Einrichtungen sind bspw. ein ausreichendes Raumangebot sowie großzügige Außenbereiche, ein den staatlichen Standards entsprechender Personalschlüssel sowie eine klare Programmphilosophie mit einem wissenschaftlich fundierten Curriculum. Die Betreuungskräfte verfügen somit über deutliche Zielvorstellungen für die pädagogische Arbeit und können dabei auch die individuellen Bedürfnisse der Kinder einbeziehen. Außerdem ist ein sicheres und stimulierendes Umfeld zum Lernen und Spielen für die Kinder vorhanden. Weiterhin beziehen die Mitarbeiter/innen die Eltern in die Entwicklungsprozesse ihrer Kinder ein und ermutigen sie dazu, bei Aktivitäten in der Einrichtung mitzuwirken. Die Eltern werden auch in die Bewertung der Einrichtung involviert. Schließlich verfügen alle Erzieher/innen über umfassende berufliche Erfahrungen und nehmen kontinuierlich an Fort- und Weiterbildungsangeboten teil.

8 Zusammenfassung und Ausblick

Die starken Divergenzen bezüglich der pädagogischen Qualität in den verschiedenen Betreuungseinrichtungen und Vorschulprogrammen über die gesamten USA hinweg stellt sicherlich eine der größten Herausforderungen für das System der Kinderbetreuung dar. Das gegenwärtige Patchwork heterogener Angebote, von Regulierungen und Finanzierungsmodellen ist weder übersichtlich, noch kann es gleiche Zugangschancen und einen Mindeststandard an Qualität garantieren. Wie das Praxisbeispiel der Judy Center zeigte, wird in verschiedenen Qualitätsinitiativen und Modellprojekten daran gearbeitet, einheitliche pädagogische Mindeststandards zu definieren sowie ein breiteres Angebot zur Personalentwicklung zu schaffen. Ein weiteres nationales Vorbild bildet schließlich das breit angelegte Head Start-Programm. Schließlich erkennen einzelne Staaten seit den letzten Jahren ihre Initiativ- und Führungsposition für den qualitativen Ausbau von außerschulischen Angeboten zur Kinderbetreuung. Für weitere Schritte in diese Richtung müsste jedoch der Umfang der verfügbaren staatlichen und lokalen Finanzmittel erweitert werden.

Hinsichtlich des Aufbaus integrierter und flexibler Angebote besteht eine weitere zentrale Herausforderung in der Kooperation zwischen privaten Trägern und öffentlichen Einrichtungen des lokalen Schulsystems. Da die lokalen Schulsysteme in den meisten Fällen die Empfänger von staatlichen Subventionen sind, stellt sich das Problem der Regulierung der einzelnen Kinderbetreuungsprogramme. Es kommt somit zu Spannungen zwischen den öffentlichen Betreuungsangeboten des Prekindergarten und den übrigen Anbietern, da die schulischen Anbieter Hinblick auf Personalqualifikation und Curricula höhere Qualitätsanforderungen stellen. Dadurch, dass die lokalen Schulsysteme die Prekindergarten und ganztägigen Angebote weiter ausbauen, verstärkt sich schließlich der Wettbewerbsdruck gegenüber den übrigen Trägern. Diese sehen sich konsequenterweise dazu gezwungen, ihre Unternehmensstrategien zu verändern, worunter aber letztlich die Qualität ihrer Angebote leidet.

Die allgemeine Verfügbarkeit öffentlicher Betreuungsangebote lokaler Schulen ist sicherlich eine Stärke des US-amerikanischen Betreuungssystems. Hinsichtlich der zeitlichen Flexibilität zeigen sich allerdings Defizite bei den meisten vom Schulbezirk getragenen Betreuungsangeboten bzw. Head Start-Programmen. Da diese nicht ganzjährig operieren, sind häufig auch einkommensschwache Familien darauf angewiesen, auf gebührenpflichtige Betreuungsoptionen auszuweichen. Jedoch sollte gerade diesen Kindern und Familien der Zugang zu integrierten Angeboten erleichtert werden, insbesondere, was den Altersbereich unter fünf Jahren betrifft.

Die Judy Center präsentieren darüber hinaus mögliche Lösungsansätze zur Kombination der Angebote öffentlicher und privater Träger. Aus einem Evaluationsbericht der amerikanischen Forschungsstelle „MGT of America Inc." (2004) zur Qualität und Effektivität des Judy Hoyer-Programms geht hervor, dass der Großteil aller Eltern zufrieden mit den Angeboten der Judy Center ist. Eltern haben einen wesentlich leichteren Zugang zu Dienstleistungen der Gesundheitsfürsorge für ihr Kind – sie treten aus der sozialen Isolation heraus und erhalten vielfältige Ressourcen sowie Beratungs- und Unterstützungsleistungen. Durch die Angebote zur Erwachsenenbildung oder zu Arbeitsvermittlungsstellen ist es vielen Eltern möglich geworden, (wieder) eine Erwerbstätigkeit aufzunehmen, während ihre Kinder durch flexible Betreuungsangebote im Judy Center versorgt werden. Diese Aspekte verweisen auf die positiven gesellschaftlichen Effekte, welche durch die Schaffung integrierter und flexibler Betreuungsangebote für Kinder angestoßen werden können.

9 Literatur

CIA (2007): World Factbook (www.cia.gov)

Education Commission of States (2005): Access to Kindergarten: Age Issues in State Statutes. February 2005. http://www.ecs.org/clearinghouse/58/27/5827.htm

MGT of America Inc. (2004): Judith P. Hoyer Early Care and Education Enhancement Program Evaluation. Final Results Brief. Florida

MSDE (2006): Children Entering School Ready to Learn. Maryland School Readiness Information. 2005-2006 State and Local School System Data. Baltimore

MSDE (Maryland State Department of Education) (2002a): Fact Sheet „Judy Centers". In: Judith P. Hoyer (JPH) Enhancement Program Information Kit. Baltimore

MSDE (Maryland State Department of Education) (2002b): Fact Sheet „Maryland Model for School Readiness (MMSR)". In: Judith P. Hoyer (JPH) Enhancement Program Information Kit. Baltimore

MSDE (Maryland State Department of Education) (2002c): Fact Sheet „MSDE's Early Childhood Accreditation Project". In: Judith P. Hoyer (JPH) Enhancement Program Information Kit. Baltimore

MSDE (Maryland State Department of Education) (2004): Standards for Implementing Quality Early Childhood Programs – for Center-based Child Care and Head Start Prekindergarten and Kindergarten. Baltimore

MSDE (Maryland State Department of Education) (2005): Guide to Operations, Monitoring, and Accounability of Judy Center Partnerships, 2. Aufl. Baltimore

National Child Care Information Center (2005). Center Child Care Licensing Requirements. November 2005. http://nccic.org

OECD (2006): Starting Strong II: Early Education and Care.

US Census Bureau (2007): Income, Poverty, and Health Insurance Coverage in the United States: 2006.

US Department of Education (2004): Individuals with Disabilities Act (IDEA). (http://idea.ed.gov/)

US Department of Education (2005): National Center for Education Statistics, Early Childhood Program Participation Survey of the National Household Education Surveys Program. (online: http://www.nces.ed.gov)

Zusammenfassung und Ausblick

Betreuungs- und Bildungsangebote für Kinder stellen eine wichtige gesellschaftliche Investition mit einem hohen sozialen und ökonomischen Gewinn dar. Im Prozess der andauernden Verbesserung bestehender Betreuungsstrukturen haben viele europäische Länder den Nutzen und die Vorteile integrierter Betreuungs- und Bildungsangebote erkannt. Die Analyse der verschiedenen Lesarten integrierter Angebote und ihrer Umsetzung in den verschiedenen Ländern schafft einerseits einen strukturierten Überblick zu den charakteristischen Merkmalen der einzelnen Betreuungs- und Bildungssysteme. Zum anderen wurde dadurch das spezifische Verständnis von Kinderbetreuung in den jeweiligen Ländern deutlich. Trotz dieser nationalen Unterschiede ist es möglich, einige gemeinsame Schlussfolgerungen aus den vorgestellten Länderreports abzuleiten, die für jedes Land, das integrierte Angebote entwickelt, gleichermaßen relevant sind. Das Wohlergehen des Kindes muss dabei stets im Vordergrund stehen.

Bei der Gestaltung der Infrastruktur von Betreuungsdienstleistungen muss die historische Entwicklung der Kinderbetreuung des jeweiligen Landes beachtet werden; neue Ideen und Konzepte sind im Dialog mit den Beteiligten und unter Berücksichtigung der Traditionen und spezifischen Charakteristika des Betreuungssystems des Landes zu entwickeln.

Einrichtungen zur Betreuung und zur frühkindlichen Bildung sollten miteinander verknüpft werden, wobei die Priorität darin liegt, den Bedürfnissen des Kindes in bestmöglicher Weise entgegenzukommen. Um dies zu gewährleisten, sind entsprechende Qualitätssicherungssysteme zu entwickeln. Die Akteure des Betreuungs- und Bildungssystems stehen dabei in regelmäßigem Kontakt zueinander, um systematische Kooperationen aufzubauen.

Integrierte Angebote müssen flächendeckend zur Verfügung stehen und leicht zugänglich sein. Neben der lokalen Verfügbarkeit kommt es auch auf die soziale Inklusionskraft an. Um Letztere zu ermöglichen, sind geeignete Finanzierungs- und Planungsinstrumente erforderlich, die eine passgenaue Lösung ermöglichen.

Zur Steigerung des Erwerbsanteils von Frauen reicht es nicht aus, lediglich die Zahl der Betreuungsplätze zu erhöhen. Faktoren wie Gender-Aspekte, Angebotsfinanzierung, diversifizierte kulturelle Hintergründe und die Ausgewogenheit von Arbeit und Familienleben müssen bei der Belegung von Plätzen ebenso berücksichtigt werden. Integrierte Betreuungsangebote spielen eine signifikante

Rolle bei der gesellschaftlichen Integration von Kindern und Familien unterschiedlicher kultureller Herkunft aus sozial benachteiligten Gruppen.

Folgende Punkte sind von den nationalen, regionalen und lokalen Behörden bei der Entwicklung integrierter Betreuungsangebote besonders zu beachten:

- Die Entwicklung von neuen integrierten Betreuungsformen sollte durch finanzielle Anreize unterstützt werden. Hierbei bedarf es einer fachlichen Begleitung. Darüber hinaus ist ein erleichterter Austausch von Beispielen aus der Praxis notwendig – bspw. durch eine Datenbank. Diese Datenbank könnte gleichzeitig über alle relevanten Akteure im Betreuungssektor informieren.
- Hinsichtlich der Flexibilität von Betreuungsstrukturen weisen die Länderreports immer wieder darauf hin, dass für die Organisation der (verlängerten und flexibilisierten) Öffnungs- und Betreuungszeiten die pädagogischen Fachkräfte zuständig sind. Es gilt daher gezielte Anreize für das pädagogische Personal zu schaffen, um eine grundlegende Motivation für eine Tätigkeit in einem Berufsfeld mit flexibilisierten Arbeitszeitmodellen herzustellen. Die Erfahrung aus der Praxis hat weiterhin gezeigt, dass inhaltlich in solchen flexiblen Strukturen besonderes Augenmerk auf Übergabephasen, auf Informationsfluss und gegenseitige Verständigung gelegt werden muss. Dies bezieht sich sowohl auf die Kommunikation innerhalb des Betreuungsteams als auch auf die Kommunikation mit den Familien.
- Im Zuge einer solchen Flexibilisierung der Strukturen erhöht sich die Komplexität der organisatorischen Anforderungen. Aus diesem Grunde ist es erforderlich, Flexibilität schon während der Ausbildungszeit und im Rahmen von Fortbildungen zu thematisieren. In den meisten der untersuchten Länder gibt es derzeit noch keine speziellen institutionalisierten Trainingsprogramme für Personal in flexiblen Betreuungsstrukturen.
- Flexible Betreuungsangebote stellen in jedem Fall eine pädagogisch sinnvolle Ergänzung zur familiären Betreuung dar. Sie sollten für alle Familien zugänglich sein – unabhängig von der Erwerbstätigkeit der Eltern. Um sicherzustellen, dass es nicht zu einseitigen Benachteiligungen bestimmter Gruppen kommt, haben einige Länder Verfahren entwickelt, die Kindern allein erziehender oder sozial benachteiligter Eltern bevorzugt Plätze zuweisen. Wenig beachtet bleibt dagegen weiterhin die Frage des Transports der Kinder zu und von den Kindertageseinrichtungen bzw. den einzelnen Einrichtungen von Verbundspartnern integrierter Angebotsstrukturen. In den meisten der untersuchten Länder gibt es insbesondere für die jüngeren Alters-

gruppen keine organisierten Transportgelegenheiten, so dass die Eltern selbst die Verantwortung für den Transport übernehmen müssen.

- Mit Blick auf die Vereinbarkeit von Familie und Beruf zeigen unternehmensbezogene Ansätze in einigen Fällen, dass sich Unternehmen durchaus der durch die Ausweitung der Arbeitszeit entstehenden Probleme für Eltern bewusst sind, so dass manche Unternehmen sich gewillt zeigen, interne Betreuungsmöglichkeiten in ihre Geschäftsstrategie aufzunehmen. Allerdings verlieren unternehmensgeführte Betreuungseinrichtungen an Popularität, wenn Kinder aus ihrem gewohnten sozialen (Wohn-)Umfeld herausgenommen werden. Es gibt daher Bestrebungen, vom Unternehmen finanzierte Plätze in lokalen Einrichtungen bereitzustellen. Der Trend geht daher in die Richtung, dass Unternehmen Plätze in wohnortnahen Einrichtungen finanzieren.
- Hinsichtlich der Einstellungen von Anbietern zu flexibler Kinderbetreuung lässt sich ein gespaltenes Bild feststellen: Einerseits herrscht in manchen Fällen die Meinung vor, dass Eltern flexible Angebote dazu nutzen könnten, ihre Fürsorgepflicht auf die Einrichtungen „abzuwälzen". Andererseits wird anerkannt, dass eine begründete Nachfrage nach flexibilisierten Angeboten besteht, die für Eltern eine deutliche Erleichterung darstellen. Die Konsequenzen für die Kinder, die sich aus flexibler Betreuung ergeben können, wurden bisher nur in Deutschland – und auch hier nur ansatzweise – wissenschaftlich untersucht.[63] Demzufolge fällt es Kindern leicht, sich auf flexible Betreuungsmuster einzustellen, wenn bestimmte Rahmenbedingungen erfüllt sind.
- Damit rücken Anforderungen an die Qualität flexibler Angebote in den Vordergrund: Es gilt qualitativ hochwertige Betreuungsangebote zu schaffen, die angemessen auf die individuellen Bedürfnisse des Kindes eingehen und somit positiv zu dessen Entwicklung beitragen. Vielfältige Aspekte der Qualitätsentwicklung müssen beim Ausbau flexibler Betreuungsstrukturen daher unbedingt Berücksichtigung finden.
- Darüber hinaus sollte der Forschungsaufwand intensiviert werden, um zu weiterführenden Erkenntnissen über die Chancen und Herausforderungen der Flexibilisierung von Kindertageseinrichtungen zu gelangen. Auf Grundlage einer wissenschaftlichen Begleitung kann ein fundierter Erfahrungsaustausch unter den beteiligten Akteuren und Praktikern Impulse für die Implementierung von Konzepten flexibler und integrierter Kinderbetreuung

[63] Vgl. Klinkhammer, N. (2005): Kindertageseinrichtungen mit flexiblen Angebotsstrukturen: Neue Herausforderungen für die Gestaltung des pädagogischen Alltags von Erzieher/inne/n und Kindern. DJI Projektbericht. München

geben und den gesamten Umsetzungsprozess für einzelne Einrichtungen erleichtern. In den kommenden Jahren ist damit zu rechnen, dass der Bedarf an flexiblen und integrierten Betreuungsformen steigt. Daher ist eine Intensivierung anwendungsorientierter Forschung und Praxisforschung unerlässlich.